고객을 사로잡는 에너지

매혹

고객을 사로잡는 에너지

한국경제신문

고객을 사랑하는
기업만 살아남는다

저와 교육의 인연을 맺은 조직들은 모두 더 발전했습니다. "내가 교육을 해서 잘된 걸까? 아니면 잘되는 조직이 내게 교육을 의뢰한 걸까?" 이런 생각을 하기도 했습니다. 지금 생각해보면 참 부끄러운 소견이 아닐 수 없습니다. 회사 재정이 어려워지면 기업은 대부분 교육비를 줄입니다. 하지만 잘될 회사는 어려울 때일수록 직원 교육에 많은 시간과 돈을 투자합니다. 고객의 감성을 사로잡아야만 회사가 존재할 수 있다는 것을 너무나 잘 알기 때문입니다.

고객은 참으로 예민하고 감성적인 존재입니다. 고객은 '고객가치'를 중요하게 생각하지 않는 기업을 너무나 금방 알아챕니다. 고객은 불평불만을 쏟아내기는커녕 두말없이 발길을 끊습니다. 심지어 주변인이나 SNS를 통해 'A에 가면 돈만 버리고 기분만 상하니, 차라리 그 옆의 B를 가라'는 꿀팁을 제공하는 참견장이입니다.

이렇게 예민한 고객을 매혹하지 않고는 고객의 지갑을 열 수 없음을 너무나 잘 아는 CEO는 회사가 어려울수록 고객을 매혹하는 '감성 서비스'에 성심을 다합니다. 그래서 이런 '고객중심 마인드'가 있는 조직은 제게 강의를 의뢰했고, 결과적으로 저는 잘될 수밖에 없는 조직을 대상으로 교육을 한 셈이었습니다.

그러고 보면 저는 참 운이 좋은 편입니다. 멋진 조직의 문화를 함께 할 수 있다는 것은 참 귀한 경험이고 값진 기회이기 때문입니다. 이 책은 지금까지의 제 경험과 생각을 담았습니다. 잘되는 조직들은 알고 보면

다 이유가 있는데, 특히 고객의 감성을 매혹하는 법칙을 알고 있다는 것입니다. 마치 연애의 고수가 상대의 마음을 사로잡는 것처럼요.

이 책은 바로 '고객과 연애하기 실전편' 입니다.

고객과 마찰이 자주 생기는 직원, 고객에게 불만을 자주 듣는 직원, 고객응대를 어려워하는 직원, 고객의 감성을 사로잡고 싶은 직원, 고객에게 칭찬을 듣고 싶은 직원, 고객과 찐하게 연애해보고 싶은 직원, 그리고 고객의 감성을 사로잡아 생긴 이윤으로 직원들에게 충분한 심리적·물리적 보상을 해주고 싶은 조직에게 이 책을 선물하고 싶습니다.

이 책은 가급적 처음부터 순서대로 읽어주세요. 이상형을 찾아서 연애를 시작하는 청춘남녀의 마음으로 읽으면 더 효과적입니다. 그리고 한 장을 마친 후 반드시 지금까지의 모습을 성찰해보길 바랍니다.

특히 제2장의 '이상형을 매혹하는 호감법칙

SMILE^{Service, Manner, Image, Listening, Empathy}'은 2번 이상 읽고 실제 생활에서 응용해야 합니다. 그렇지 않으면 무용지물이 됩니다. 서비스는 바로 '표현' 이기 때문입니다.

지금까지 여러 권의 책을 냈습니다. 하지만 이번 책은 특히 귀합니다. 20여 년 넘게 서비스 교육을 기획 및 운영해온 전문가로서 축적해놓은 노하우를 아낌없이 쏟아 담았기 때문입니다.

일정과 거리상의 문제로 그동안 강의 요청에도 불구하고 제때 가지 못해서 마음 한구석 너무 죄송했던 회사와 기관단체들이 있습니다. 이 책이 그분들에게 조금이나마 '서비스 교육에 대한 갈증' 을 해소시켜주는 '단비' 가 되었으면 하는 바람입니다.

마지막으로 이 책에 향기를 불어넣어주신 한경BP 관계자분들에게 진심으로 감사드립니다.

고객의 감성을 매혹하고 싶은

박영실 올림

차례

제 1 장

고객과
썸타기

01

이상형 찾기
어떤 고객과 썸타고 싶은가?

모든 고객을 사랑해야 하나?

...... 한 학생이 소개팅 앱을 사용한다고 하자 많은 학생들의 질문
이 쏟아진다.

"믿을 만하냐?" "괜찮더냐?" "앱 이름이 뭐냐?"

답변은 명쾌했다.

"송중기 같은 사진에 속아서 나갔는데 송충이처럼 생겼더라"

"SKY 스펙에 속아서 나갔는데 멍 때리고 하늘만 보는 백수

더라!"

세월이 급변했음을 피부로 느낀다. 이제 연애도 사람이 아니라 앱을 통해서 하니 말이다.

하지만 온라인 세상에는 허상, 즉 속임수가 난무하는 듯 보인다. 한 결혼정보회사에서 설문조사를 해보니 소개팅 앱을 이용할때 나이와 직업, 키, 사진 등 프로필을 속이는 이성이 꼴불견 상대 1위(46%)로 꼽힌 것만 봐도 알 수 있다.

이상형을 만난다는 것은 사막에서 다이아몬드 찾는 것만큼 어렵다. 하지만 현실적인 이상형을 찾는 것은 내 방에서 내가 제일 좋아하는 반지를 찾는 것만큼이나 쉽다. 무슨 말이냐면 내가 송혜교가 아닌데 송중기를 찾는다면 5만 년이 걸리지만 내가 송혜교라면 송중기를 만나는 데는 5일 만에도 가능하다는 의미다. 결국 나 자신을 정확하게 아는 것이 중요하다. 그러면 이상형을 빨리 찾을 수 있다.

고객도 마찬가지다. 고객은 이성과도 같다. 돈이 많거나 잘생겼다고, 학벌이 좋다고 모든 사람에게 어울리는 것이 아니듯 모든 기업에는 기업의 특성에 잘 어울리면서 기업의 이윤을 창출하는 고객층이 따로 있다. 모든 여성의 마음을 얻으려다 모든 여성에게 외면받듯이 모든 고객의 마음을 훔치려고 하면 모든 고객이 외면한다.

고객과 어떻게 썸탈 것인가?

...... '썸타다'는 사전에도 등재되어 있는데 '관심 가는 이성과 잘 돼가다'라고 풀이되어 있다. 이 책에서는 '관심 가는 고객과 잘 돼가다'로 응용하려 한다.

사람마다 이상형이나 어울리는 스타일이 다르듯 모든 조직은 업이나 문화의 특성에 따라서 이윤 창출에 날개를 달아주는 고객이 모두 다르다. 다시 말해서 모든 고객이 똑같지 않다. 뿐만 아니라 '고객'은 존재해도 '고객들'은 존재하지 않는다. 기업의 전체 고객을 하나의 단체로 여기는 것이 아니라 고객 한 명 한 명을 개별적으로 그리고 차별적으로 관리해야 한다는 뜻이다.

얼마 전 저녁모임이 있었던 식당에 들어가면서부터 기분이 좋아졌다. 작은 스탠드형 액자에 저녁모임 일행을 환영하는 문구가 다소곳이 앉아 우리를 맞이했기 때문이다. 이 환영의 메시지를 프린트하면서 정성스럽게 준비했을 사장님을 생각하니 감성의 문이 열렸다. 호텔에서나 받을 법한 맞춤 서비스를 일반 식당에서 받으리라고는 전혀 기대를 하지 못했기 때문이다. 음식 맛도 좋았지만 지인들과 다시 한번 방문하고 싶게끔 만든 것은 바로 식당 사장님과 직원들의 친절이었다. 예상처럼 나는 일주일 후 가족들과 그 식당을 다시 방문했다. 당일 예약이었는데도 불구하

고 내 이름을 기억하고 지난번처럼 내 이름을 넣은 환영인사를 액자에 넣어서 맞춤 고객 서비스를 해준 사장님의 배려 덕분에 우리 가족의 저녁식사 시간은 행복했다. 함께 갔던 조카도 조만간 여자친구와 함께 그 식당에 다시 갈 것 같다. 이 식당은 어떻게 해야 고객의 감성을 사로잡을 수 있는지, 고객의 감성을 사로잡으면 어떤 일이 일어나는지 알고 있었다.

최근 기업에서도 특별한 고객층이 될 만한 잠재력이 있는 고객을 선별해서 그들과 썸을 타기 위해 치열하게 전략을 짜고 있다. 명품 브랜드 버버리는 어떤 고객과 썸타기를 시도했는지 살펴보자. 썸을 탈 고객은 당연히 '구매 가능성'이 있는 신규고객과 버버리의 제품을 '재구매할 가능성'이 있는 고객들이다. 버버리를 살 정도의 고객이라면 웬만한 서비스는 다 받아봐서 감성을 자극하기 힘들다. 스타일 좋은 사람에게 '스타일 좋다'는 것은 칭찬이 아니라 그냥 '일상어'인 것처럼. 그래서 버버리는 차별화 서비스를 선보였다. 컬렉션 런웨이 현장을 온라인으로 생중계하고 모델이 착용한 의상을 시청자가 바로 주문할 수 있는 서비스를 선보인 것이다.

이것을 전문용어로 '옴니채널 서비스'라고 한다. '옴니채널'이란 '모든 것'을 뜻하는 '옴니Omni'와 제품 유통망을 뜻하는 '채널Channel'의 합성어다. 온·오프라인 매장을 유기적으로 융합해 소비자가 다양한 경로를 넘나들면서 상품을 검색하고 구매할 수 있도록 하여 고객과 자연스럽게 '썸타기'를 하는 차별화 서비스다.

또 매장 내에서 전 세계 재고량을 실시간으로 파악해 고객응대를 하고, 소비자가 제품을 만지는 그 순간을 '고객과 썸타기' 좋은 타이밍으로 정했다. 옆에 있는 거울에서 동영상으로 제품 정보를 상영하는 멋진 체험을 제공한 것이다. 음식점에서 고객이 콩나물을 더 달라고 할 때 주는 것은 그냥 콩나물이다. 하지만 직원이 '콩나물 좀 더 드릴까요?'라며 내미는 콩나물은 '서비스'로 둔갑한다. 이것이 바로 '타이밍'의 힘이다. 썸타고 싶은 이성이 관심을 보일 때 '자신을 제대로 어필'하는 전략인 것이다. 이 타이밍 포착이 참 중요하다. 그래서 연애고수들은 관심 가는 이성의 일거수 일투족을 자신의 레이더망으로 면밀하게 스캔한다. 당연히 부드러운 미소와 매력적인 눈빛으로 자신을 어필하는 것은 맞춤 세트다.

연애고수의 '썸타기 비밀전략'은 바로 이성을 스마트하게 이

끄는 것이다. 만날 때마다 '오늘은 뭐 먹지? 넌 뭐 생각해놓은 거 없어?' 라고 묻는 연애고수는 없다.

"오늘 혹시 특별히 먹고 싶은 거 있어? 내가 생각해둔 2가지가 있어. 하나는 이태원 경리단길에서 파스타를 가장 잘하는 집이고 또 하나는 강남에서 엄마표 김치찌개를 가장 잘하는 집이야. 네가 좋아하는 메뉴 중에 골라봤는데 어떤 게 더 좋아?"

이것이 바로 연애고수의 치밀한 큐레이션 서비스다. 큐레이션 서비스란 개인의 취향을 분석해 적절한 콘텐츠를 추천해주는 것으로 정보과잉시대에 어떤 것이 고객에게 최상의 선택인지를 전문가가 제시해주는 것이다.

이는 고객을 배려해서 탄생한 것으로 고객과의 '썸타기' 온도를 올려놓은 고객 서비스 하이테크 전략이다. 찐만두와 군만두 그리고 자장면과 짬뽕 사이에서도 몇 번을 갈등하는 우리가 명품을 구입할 때는 어떻겠는가? 갈등 DNA가 폭포수처럼 흘러나온다. 이런 고객의 결정 장애를 말끔하게 해소시켜주는 것이 바로 큐레이션 서비스다. 커스터마이징customizing, 맞춤과 필터링filtering, 거름을 통해 고객에게 맞춤대안을 스마트하게 제시한다.

연애하는 사람이나 물건을 사는 고객이나 모두 무서운 속도로 똑똑해지고 있다. 가능성이 없는 이성에게는 돈을 투자하지 않는다. 상품가치에 대한 확신이 없는 물건에도 지갑을 열지 않는다.

18

그래서 화장품을 하나 사더라도 '큐레이션 서비스'를 이용한다. '뷰티 큐레이션 박스'는 고객의 취향을 저격하는 뷰티 제품을 저용량 패키지로 매달 배달해주는 서비스다. 사실 용량이 많은 비싼 화장품을 잘못 구입했다가 피부에 맞지 않아서 피부 트러블을 경험한 고객들에게 환영받는 서비스다. 뷰티 큐레이션 박스를 필요할 때마다 받아서 이용해보고 마음에 드는 화장품을 찾으면 본품을 구매한다. 기회비용을 적게 들이면서 취향 저격 상품을 찾고자 하는 요즘 고객의 쇼핑 방법이다.

그렇다면 고객과 썸을 잘 타는 기업의 화룡정점 전략은 무엇일까? 바로 고객 스스로 입소문을 내게끔 하는 'SNS 전략'이다.

연애고수는 이성이 자신과의 만남을 소문내고 싶게끔 만든다. 절대 '내 여친이 얼짱출신이네. 몸매가 국보급이네!'라고 떠벌리지 않는다.

버버리를 입고 찍은 사진을 고객 스스로가 올리는 아트 오브 더 트렌치Art of the Trench 사이트가 바로 고객이 스스로 참여하게 만든 '썸타기' 툴이다. 그렇다면 결과는 어땠을까? 이런 전략이 기업의 이윤 창출에 도움이 되었을까? 당연하다. 옴니채널 전략을 주도적으로 구사한 버버리의 매출은 2012년 기준으로 2배로 늘었으며 영업이익은 5배 이상 증가했다.

타깃은 누구인가?

...... 햇살 좋은 휴일이라 커피숍에 앉아 오후의 여유를 만끽하고 있는데 옆 테이블의 대화가 내 귀를 사로잡는다. 제법 깔끔한 이미지의 20대 후반의 청년 2명이다. 각자 여자친구인 것 같은 여성과 통화를 마치면서 '나도 사랑해'라고 한다. 이 두 청년이 또 다른 여성들과 애정 넘치는 통화를 한다. 먼저 통화를 마친 한 청년이 말한다.

"요즘엔 어장관리가 갈수록 쉽지 않아. 치밀한 전략을 세우지 않고 대충대충 하면 대어들은 다 다른 데로 가버린다니까"

알고 보니 이 청년들은 순수한 사랑쌓기가 아니라 몇 명의 여성을 동시에 만나면서 '어장관리'를 하는 '어장관리자'들이었다. 씁쓸했지만 '어장관리'와 '고객관리'에 공통점을 발견했다. 고객의 기대치가 높아질수록 '고객관리'는 점점 고난도의 치밀한 전략이 필요하다.

그렇다면 우리가 관리하고자 하는 고객은 과연 어떤 존재인가? 고객customer의 어원은 '반복적으로 행하는 습관과 같은 것'이라는 'custom'에서 유래되었다. 즉 고객이란 당신을 기억하면서 '습관처럼 행하는 특정 행동의 대상'이다. 그렇다면 두 청년의 '어장관리'도 부정적인 부분을 필터링해서 관점을 달리하면

20

'고객관리'라고 할 수 있다.

그렇다면 당신의 고객은 누구인가? 당신을 기억하면서 습관적으로 당신을 찾거나 그렇게 만들고 싶은 존재는 누구인가?

기업출강을 나가서 '여러분의 고객은 누구입니까?'라고 물어보면 다양한 답이 쏟아진다. 신입사원은 선배나 상사가 고객이라고 한다. 그 이유를 물어보면 '선배 눈 밖에 나면 들들 볶이고, 상사 눈 밖에 나면 진급이 안 되니까요'란다. 중간관리자에게 물어보면 기업이 돈을 벌도록 자신의 지갑을 열어주는 소비자가 고객이라는 의견이 많다.

최고경영자에게 고객이 누구냐고 물어보면 소비자도 중요한 고객이지만 소비자에게 회사를 대표해서 회사의 문화와 철학을 전달해주는 회사 직원이 가장 소중한 고객이라고 한다.

이처럼 고객은 보통 2가지로 분류한다. 외부고객으로 인식되는 소비자와 내부고객으로 인식되는 직원이다. 몇 년 전까지도 어떤 세무서장은 자신에겐 고객이 없다고 했다. 이유를 물어보니 자신은 부하직원이 가져오는 서류에 사인하는 책임은 있지만 외부 민원인은 만나는 경우가 없기 때문이라고 말했다. 그래도 지금은 시대가 많이 변해서 고객의 정의는 물론 고객만족 없이는 기업이나 관공서 모두 존재가치가 없다는 것을 안다.

하지만 아직까지도 많은 신입사원이 자신의 성공적인 미래와 편안한 직장생활을 위해서 관리해야 할 고객을 선배나 상사로 알고 있는 것은 교육을 통해서라도 바로잡아야 한다. 자신이 어떤 절차를 통해서 월급을 받게 되는지 좀 더 큰 그림을 볼 수 있도록 훈련해야 한다. 외부고객(소비자)의 마음을 만족시키지 못하면 고객의 몸이 움직이지 않는다. 마음과 몸이 열려야 지갑이 열린다. 고객의 지갑이 모여서 기업의 이윤이 된다. 기업의 이윤 창출이 잘 되어야 직원에게 월급을 줄 수 있으며 더 많은 사람을 채용할 수 있다. 결국 직원의 월급은 고객이 준다. 신입사원은 이 사실을 몰라 조직에서 계급이 높으면 고객이라고 생각한다.

고객을 조금 더 세밀하게 구분할 수도 있다. 시대적 흐름에 따라 고객은 여러 가지로 해석될 수 있지만 전통적으로 고객의 의미는 특정 조직의 제품이나 서비스를 최종적으로 구입하여 사용하거나 이용하는 자로 해석했다.

그러나 현대적인 의미의 고객은 조직의 가치 제고에 기여하는 모든 사람, 즉 조직이 생산할 상품을 결정하는 모든 사람이라고 해석한다. 고객만족경영에 있어 고객은 최종이용자만 아니라 직원, 관련 조직 등 가치의 생산과 전달에 관여하는 주체도 모두 고객으로 이해해야 한다.

고객을 조직 내외를 기준으로 분류하면 외부고객과 내부고객으로 나누어진다. 외부고객은 나의 서비스나 행동, 생산물을 사용하는 조직 외부의 소비자를 말하고, 내부고객은 나의 행동이나 생산물을 필요로 하는 조직 내부의 사람을 말하며, 상사와 부하 간, 부서와 부서 간, 공정과 공정 간을 의미한다. 즉, 내부고객은 기업 내에서 자신의 다음 공정에 있는 사람이다. 따라서 기업 내의 모든 사람은 서로의 고객이다. '내 다음 공정이 고객이다' 라는 얘기는 그만큼 다음 공정, 다음 단계에 있는 사람에게 만족을 주어야 한다는 의미. 이처럼 고객의 개념을 확대하다 보면 종업원 만족이 소비자 만족에 절대적인 영향을 끼친다는 것을 알 수 있다. 직원 만족이 없는 기업은 고객만족도 생각할 수 없다.

이와 같은 내부고객의 중요성에도 불구하고 지금까지 기업 내부에 존재하는 직원 역할이나 기능에 대한 연구는 거의 진행되지 않았다. 단지 인사 및 조직 분야에서 직원을 기업 내부의 자원으로 인식하여 경영 활동을 효율적으로 수행하기 위한 수단으로서 초점을 둔 소수의 연구가 진행되어 왔다.

그러나 경쟁이 심화되고 소비자뿐만 아니라 시장을 둘러싼 환경요인이 변화함에 따라 기업 내부의 직원은 단순한 기업 유지나 경영 활동의 실행 주체 이상의 기능을 갖게 되었다. 이러한 내부고객의 중요성을 인식하고 내부고객만족에 관한 연구들이 진행되면서 다양한 견해가 제시되었다.

서울대학교 소비트렌드 분석센터의 2016년도 전망에 따르면 '사치의 시대'는 가고 '가치의 시대'가 오고 있다. 고객은 서로 SNS로 소통하면서 자신만의 가치를 추구하고 있다. 예전처럼 명품 브랜드에 지갑을 여는 것이 아니라 '자신의 스타일을 살리는 가치'가 구매 여부의 주요한 척도가 되었다.

그 결과 스마트해진 고객은 특별하고 매력적인 스타일과 특징으로 소비시장의 새로운 변화를 주도했다. 이제 예전의 명성과 이미지만으로 고객을 사로잡을 수 있는 시대가 아니다. 오죽하면 샤테크(샤넬백+재테크)라는 말이 있을 정도로 유명했던 샤넬이 지난 2015년 3월 일부 제품의 가격을 20%까지 인하하며 샤넬 쇼크를 일으켰을까?

'다 잡은 고기에 밑밥 주느냐?'라는 소리가 있듯이 이 땅의 많은 남자들이 자신의 여자친구를 위해 감동이벤트를 하는 경우는 많지 않다. 오죽하면 남자에게 가장 예쁜 여자는 '처음 본 여자'라고 하지 않던가!

하지만 진정한 사랑을 이루는 명품 남자들은 다르다. 처음 본 여자에게는 다소 냉정해보여도 자신의 영역에 들어온 애인이나 여자친구에게는 자신의 가치와 매력을 끊임없이 어필하고 관계를 유지하기 위해 노력을 게을리 하지 않는다.

메르세데스-벤츠는 명품임에도 자신의 가치와 매력을 끊임없이 어필하고 고객과 관계를 유지하기 위해 노력한다. 기존고객의 감성을 끊임없이 유혹하는 노력이 눈에 띄기 때문이다.

'2016 서비스 익스피리언스'라는 행사를 통해서 벤츠만의 옵션형 맞춤 고객 서비스인 마이 서비스My Service를 알리고, 판매만 늘리는 것이 아니라 구입 후 서비스 만족도 또한 높여 균형 있는 성장을 이뤄낸다는 목표를 고객에게 선언했다. 또한 메르세데스-벤츠 복원 프로젝트를 통해 고객의 감성을 자극했다. 자동차는 추억의 매개체임을 강조하며 벤츠는 2016년 2월 '추억도 A/S가 되나요?'라는 슬로건 아래, 오래된 차를 복원해주는 프로젝트를 진행했다. 이후 차범근 전 감독이 30년 전 선수 시절 독일에서의 애환을 담고 있는 벤츠 지바겐GE230과 사연 공모를 통해 선정된 일반인 소유 벤츠 모델을 복원하여 전달식을 가졌다.

벤츠는 첨단 복원 인프라와 순정 부품 수급 능력 등을 보여줄 뿐만 아니라 차와 함께한 고객의 추억까지 재현한다는 목표로 오래된 벤츠 모델들도 완벽하게 복원해 벤츠 차주라는 자부심을 느끼게 해주고, 브랜드 충성도 또한 높일 수 있었다.

그야말로 고객 만족을 최우선 목표로 삼아 메르세데스-벤츠만의 프리미엄 가치와 경험을 기존고객에게 끊임없이 어필하며 벤츠의 매력에 고객이 더욱더 깊이 빠져들게 했다. 기존고객에 대한 노력 때문인지 한번 벤츠를 타면 계속 타게 된다는 사람들이 많은 것도 우연은 아닐 것이다.

앞서 말한 것처럼 외부고객부터 내부고객, 그리고 기존고객부터 신규고객까지 고객은 관점에 따라 무척 다양하다. 이 다양함 속에 우리 조직이 주요 타깃으로 삼을 고객은 누구인지 기존 데이터를 통해 재정립해봐야 한다. 타깃 고객층의 지지가 주는 열매는 무척 달콤하기 때문이다.

1% VIP를 타깃으로 삼고 고밀착 고객 서비스를 제공하는 소더비 사례를 보자. 불특정 다수, 대중을 상대하는 것이 아니라 고객별로 취향이나 채널, 클레임 재기 방식 등을 모두 달리한다. 경매시장의 선두주자, 앤티크 제품을 파는 앤티크 기업 소더비는 세계 40여 개국에 10개의 경매소와 90개의 거점을 소유하고 있다.

귀족이 되고 싶어하는 부자의 욕구와 취향 변화를 파악해서 어떤 작품을 어느 나라의 어느 도시에서 어떤 수집가에게 보여야 최고가로 낙찰될지를 정확하게 판단해내는 소더비의 마케팅 전략은 무척 뛰어나다. 작품의 가치뿐 아니라 작품에 대한 수집가의 잠재된 허영심까지도 간파하니 말이다.

소더비의 남다른 3가지의 성공비결을 조금 더 살펴보자.

첫째, 경매시장 구성원과 성공적인 관계 유지다. 이너서클의 유지와 관리에 주력하였고, 지식과 정보를 지속적으로 제공한다.

둘째, 하자 없는 거래로 최고의 명성을 유지한다. 미술시장 전문가 양성기관인 '소더비 아트 인스티튜트'를 통해 지난 40년 동안 5,000여 명의 인재를 스스로 육성했다고 한다.

그러나 뭐니 뭐니 해도 가장 주목할 것은 셋째, 시대를 읽는 안목이다. 19세기 산업혁명기에는 '지위와 교양을 과시하고 싶어 하는 욕구'를 제대로 겨냥했다. 그리고 2000년엔 석유재벌을 겨냥하고 2013년부터는 중국 부호들을 끌어들이고 있다. 잠재 소비자군의 욕구와 취향 변화를 선제적으로 파악하고 이것을 재빨리 실행에 옮긴 것이다.

서비스를 시스템으로 만들어라

......이처럼 고객이 누구인지 정확하게 파악하고 그들의 욕구를 알아내 전략적으로 시스템을 구축하는 것은 참 중요하다. 하지만 명심하자. 이런 전략과 시스템을 성공으로 이끌려면 매력 있는 플러스알파가 있어야 한다.

배우의 아들로 태어나 30년간 100명이 넘는 여성과 교제한 이탈리아의 문학가이자 모험가인 카사노바는 18세기의 바람둥이와 난봉꾼으로 알려져 있다. 그런데 그는 뛰어난 미남도 아니었을 뿐만 아니라 절대 폭력이나 금전으로 여자를 유린하지 않았다고 한다.

그는 책으로 쌓은 교양을 토대로 세련된 화술과 경청으로 여성들의 마음을 사로잡았다. 특히 그의 여심을 사로잡는 비법은 여자들의 말을 최대한 공감하면서 끝까지 들어주고 맞장구 쳐주는 것이었다. 그의 소통력이 얼마나 뛰어났는지 벨기에 작가 리뉴공은 '그의 말은 계시가 되고, 그의 생각은 책이 된다'고까지 했다. 결국 카사노바는 여성편력가인 동시에 여심을 사로잡는 기술이 뛰어난 소통의 달인이었다.

이제 내가 다니고 있는 회사의 주요 고객은 누구인지, 나 자신의 고객은 누구인지 생각해보자. 사무직 직원들은 종종 자신은 간접부서에서 근무하기 때문에 고객을 만나는 경우가 거의 없다고 말한다. 이는 고객의 정의를 모르기 때문에 하는 말이다. 이후에 고객의 분류에 대해 조금 더 구체적으로 언급하겠지만 고객은 '자신을 포함한 모든 존재'라고 해도 과언이 아니다. 다시 말해서 간접부서에서 함께 근무하는 동료나 선배 그리고 고객접점에서 근무하는 직원도 모두 '고객'이다. 왜냐하면 서로가 서로에게 영향을 주기 때문이다.

예를 들어서 간접부서에 업무협조를 요청했을 때 신속하고 정확하게 대응하여 선순환 사이클을 만들어줘야 고객접점직원이 외부고객에게 좀 더 만족스러운 고객 서비스를 제공할 수 있다.

또한 고객접점직원도 간접부서에 어떤 태도로 소통하느냐에 따라서 조직문화와 풍토에 영향을 준다. 그리고 이렇게 형성된 조직문화가 어떠냐에 따라 고객층이 결정되기 마련이다. 결국 브랜드 이미지와 브랜드 가치가 높은 조직은 모두 직원을 기반으로 생기는 것이다.

브랜드 가치를 만드는 '브랜드 이미지'는 '고객만족' 없이는 절대 이룰 수 없다. 고객을 만족시키기 위해서 가장 먼저 주목해야 하는 것은 '직원'이다. 왜냐하면 직원은 고객에게 만족을 연결해주는 가장 중요한 '존재'이기 때문이다. 제품이 아무리 훌륭해도 고객에게 제품을 전달하는 직원의 태도나 소통력이 부족하다면 고객의 기대에 부응하지 못하게 되어 고객은 만족시킬 수 없기 때문이다.

사전적 의미로 직원은 '일정한 직장에 근무하는 사람'이다. 고객과 접점에 있으면서 고객에게 직접적으로 '서비스'를 하는 고객접점직원을 1차 직원이라고 할 수 있고, 고객과 접점에 있지 않기 때문에 간접적으로 '서비스'를 하는 직원을 2차 직원이라고 할 수 있다. 서비스 브랜드 이미지에 있어 특히 1차 직원은 매우 중요한다. 서비스 직원의 태도와 행동은 고객에게는 결정적인 감성자극의 매개체가 되기 때문이다. 그렇기에 조직 내의 인적자원을 대상으로 한 브랜딩이라는 의미의 '직원 브랜딩employ branding'

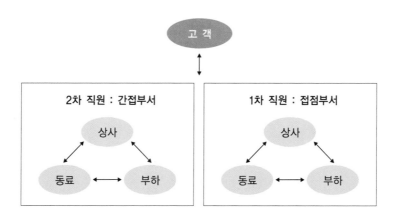

이 더욱 중요해지고 있다. 직원 브랜딩이 곧 조직의 브랜드가 되고, 그것에 따라 고객의 만족 여부가 판가름난다고 해도 과언이 아니기 때문이다.

그렇다면 고객만족 측면에서 직원 브랜딩을 높이는 전략적인 시스템 구축은 어떻게 하면 될까? 고객 입장에서 봤을 때 닮고 싶은 직원들로 브랜딩을 하면 된다. 다시 말해서, 직원 개개인이 소속된 조직의 일원으로서 자부심을 갖고 있다는 느낌을 고객에게 전달해야 한다. 그래야 고객의 감성을 매혹할 수 있다.

그러기 위해서는 직원들 상호간에 존중하는 소통문화가 정착되도록 하는 전략이 필요하다. 예를 들어서, 전화 한 통화를 하더라도 3S Speedy, Smart, Sincerely를 매뉴얼로 표준화하는 소통문화를 시스템적으로 만들 필요가 있다.

감성을 매혹하는 전화응대 표준화 매뉴얼

Speedy(신속하게) : 전화벨이 3번 울리기 전에 받았는가?

늦게 받았을 경우 "늦게 받아 죄송합니다." 또는

"기다려주셔서 고맙습니다."라고 하는가?

Smart(현명하게) : 5W1H 원칙에 맞게 응대하는가?

WHEN : 10월 1일 2PM에

WHERE : A 회사의

WHO : K 이사님이

WHAT : 저자 모임과 관련해서

WHY : 참석 여부와

How : 일행분이 몇 분인지 확인차 연락이 왔었습니다.

Sincerely (성의있게) : 인사와 자신의 소속을 성의 있게 표

현하는가?

안녕하십니까? PSPA대표 박영실입니다.

(중략)

고맙습니다(끝인사).

이제 동료나 선후배 그리고 상사도 자신의 고객임을 깨달았다면 전화 한 통화를 하더라도 고객의 감성을 어떻게 사로잡고 소통할 것인지 고민해보고 지금까지 자신의 전화응대는 어떠했는지를 뒤돌아보자.

02

연애의 불문율

고객을 매혹하는 서비스는 무엇인가?

매혹적인 서비스는 무엇인가?

...... 당신에겐 어떤 스타일의 이성이 매혹적인가? '매혹적인' 이
라고 하면 가장 먼저 무엇이 떠오르는가? 남자의 구레나룻을 유
난스럽게 좋아하는 친구가 있다. 키가 크든 작든, 얼굴이 잘생겼
든 못생겼든 그 친구에게 가장 중요한 것은 구레나룻이 있냐 없
냐 그리고 잘 다듬어졌느냐다. 특이하지만 그 친구에게 구레나룻
는 '매혹적인' 이성을 구분하는 가장 중요한 척도다.

사람마다 매혹적이라고 느끼는 부분은 조금씩 다르다. 여성의 가녀린 목선, 희고 긴 손가락, 윤기 나는 긴 머리카락, 외꺼풀의 개성 있는 눈을 매혹적으로 느끼는 남성도 있지만 굵은 목선과 짧은 머리에 떡 벌어진 어깨를 매혹적으로 느끼는 남성도 있다.

구글에 '매혹적인'을 검색하면 가장 많이 뜨는 이미지가 명품 브랜드나 향수의 여성모델들이다. 여자가 매혹적이면 '고시 3관왕'을 이룬 것과 마찬가지라는 우스갯소리처럼 매혹적이기 어렵고 그래서 매혹적인 것은 행운이고 복이다.

미국 최고의 미녀를 가리는 2016년 미스 USA 선발대회에서 64년 역사상 최초로 현역군인이 왕관을 거머쥐었다. 대회 도중 '우리(여군)는 남자만큼 강하다'며 '미국에서는 성에 따른 제약이 없다는 걸 깨달아야 한다'고 당차게 말해 심사위원의 주목을 받았다는 분석이다. 이번 대회가 더욱 의미 있는 것은 경쟁자 51명을 제치고 우승의 영예를 안은 1위와 3위가 모두 아름다운 흑인여성이었다는 것이다. 미의 기준이 점점 다양해지고 있음을 시사한다.

프랑스 패션을 대표하는 디자이너 장 폴 고티에는 백발노인 모델, 비만 체형을 가진 모델을 기용하는 등 '매혹적인'의 의미를 재해석하는 다양한 시도를 통해서 사회적 편견에 도전장을 내밀었다. 과감한 시도로 세계 패션계의 눈길을 사로잡았다는 면에서 '매혹적인 디자이너'이기도 하다.

많은 고객들에게 매혹적인 서비스와 제품을 선보이는 것은 기업 입장에서는 기분 좋은 일이다. 하지만 기분 좋은 그 이상의 무엇, 즉 이윤 창출로 이어지려면 많은 고객이 아니라 그 기업의 타깃 고객층이 매혹적으로 느껴야 한다.

고객도 마찬가지다. 고객은 이성과도 같다. 돈 많다고 해서 잘생겼다고 해서 고학력이라고 해서 누구에게나 어울리는 이상형이 아니듯 모든 기업은 기업 문화의 특성에 따라 더 잘 어울리면서 기업의 이윤 창출을 도와주는 고객층이 따로 있다.

매혹적인 서비스 전략은 무엇이 다른가?

…… 영어로 'fascinate'라고 하는 '매혹하다'는 사전적 정의로 '남의 마음을 사로잡다, 매료하다'다. 소비자의 감성을 사로잡는 것이 곧바로 이윤 창출과 직결되는 요즘, 가장 욕심나는 핵심경쟁력이다. 그만큼 누군가를 매혹하는 것은 고난도의 전략이 필요하다. 요즘 당신을 가장 매혹하는 것은 무엇인가? 송중기, 송혜교, 에르메스, 벤츠 등 각자의 관점에 따라 매혹하는 대상은 천차만별이다. 그리고 매혹 전략도 하늘의 별만큼 다양하다.

'명품 중의 명품'으로 불리기도 하는 에르메스의 CEO 패트릭

토마는 '기업 최고의 보호 장치는 매력적인 상품을 만들어 고객을 꿈꾸게 하는 것'이라고 했다. 그의 말에 힘이 실리는 이유는 아무에게나 팔지 않는 에르메스의 버킨백으로 고객에게 소유욕을 발동시켜 고가임에도 불구하고 고객들이 그것을 구입하기 위해 몇 년 전부터 예약을 하게 하면서 꿈을 꾸게 했기 때문이다.

사실 에르메스는 다른 명품에 비해서 화려하거나 요란스럽게 우리를 매혹하지 않는다. 유럽에서 조립만 하거나 OEM 방식으로 제작해 브랜드만 붙여 파는 명품들과는 달리 에르메스는 대체재가 없다. 또한 소위 말하는 스타 디자이너가 없음에도 불구하고 진정한 장인이 에르메스의 치명적인 매력을 발산하고 유지하는 뿌리다. 에르메스의 장인정신은 사후관리 서비스에서도 돋보이는데, 가방에 새겨진 로고를 보고 가방을 만든 제작자가 그해 공급된 가죽으로 수선하는 것을 원칙으로 하되 없을 경우는 가장 근접한 가죽을 엄선해서 정성을 다해 수선한다.

고객을 매혹하는 명품이 되는 터닝포인트는 애프터서비스다. 몇 년 전부터 애용하는 스니커즈가 있다. 할리우드 배우들은 물론 우리나라의 유명 여배우들의 공항패션에서 빠지지 않고 나와 관심이 있던 터에 언니에게 생일선물로 받았다. 캐주얼 차림일 때마다 애용을 한 탓에 뒤쪽의 브랜드 로고가 1년도 안되어 떨어져 나갔다. 떨어져나간 자리가 지저분해서 애프터서비스를 받으러 갔는데 수선기간이 한 달 정도 걸린다고 한다.

왜 그리 오래 걸리냐고 물으니 브랜드 본사에서 떨어진 로고를 직접 받아서 수선을 해야 한단다. 제대로 수선하기 위해서는 인내심을 발휘하는 것이 맞다 싶어서 기다린 후 수선된 스니커즈를 보자마자 한숨이 나왔다. 오리지널 로고와는 너무나 달라서 초등학생도 구분할 만큼 조잡한 로고를 그것도 달랑달랑 붙여놓았다. 아니나 다를까 이 로고는 한 달도 안 되서 너덜너덜해지고 말았다.

이런 식으로 대충한 수선이 고객을 한 달 동안 기다리게 할 만한가라는 생각이 들자 화도 나고 고객을 쫓아내는 소리 그리고 그 브랜드를 서둘러 떠나가는 고객의 발소리가 들리는 듯했다.

그 브랜드를 떠나게 만든 가장 큰 이유는 다름 아닌 매장 직원의 태도였다. 호들갑스럽게 반기다가 애프터서비스를 하러 왔다는 말을 듣고 1초도 안 되어서 표정을 바꾼 그 직원은 가장 짧은 순간에 내 기분을 상하게 만든 필요 없는 능력을 가진 능력자다.

지금까지 서비스 컨설팅 그리고 강의를 하면서 내가 가장 많이 사용한 단어는 당연히 '고객' 그리고 '서비스'다. 보통 우리는 '서비스' 하면 '공짜 군만두'를 떠올리기도 하는데, 노예라는 의미의 라틴어 'servus'에서 유래된 서비스service의 어원은 '사람에게 시중을 들다'라는 의미의 servant, servitude, servile라는 영어를 파생시켰다. 지금과 같은 21세기 산업사회에서는 패러다임이 많이 변화되어 서비스는 고객과 직원의 관계에서 보이지는 않지만 느껴지는 감성 터치와 눈에 보이는 상품 등을 말한다.

고객 매혹전략은 무엇인가?

......이상형을 매혹시키려면 이상형이 좋아하는 관심사와 스타일을 파악하고 전략을 세워야 한다. 하지만 이상형이 좋아하는 것을 파악하기가 어렵다면 싫어하는 것이 무엇인지 알아보자. 마찬가지로 고객을 매혹하는 서비스를 위해서는 서비스 전략을 꼼꼼하게 세워두어야 하는데 잘 모르겠거든 타깃고객은 물론 일반적인 고객이 가장 참기 어려워하는 서비스가 무엇인지 머리에 새겨놓자.

고객의 서비스 불만 빅데이터를 분석한 결과, 알브레이트 Albrecht는 고객불만을 '무무냉어로법'으로 정리했다.

무관심, 무시, 냉담, 어린애 취급, 로봇화, 법대로가 그것인데 나는 '3無'로 단순화시키고 싶다.

무조건 : 고객의 관심사나 성향 및 상황 분석 없이 모든 고객에

게 무조건 제공하는 서비스를 원하는 고객은 없다.

예) 교환 불가로 화가 난 고객에게 '고맙습니다. 안녕히 가세요'
라고 멘트하는 직원의 무조건식 인사는 안 하니만 못하다.

무리수 : 고객 서비스도 좋지만 원칙을 무시하면서까지 무리수
를 두는 서비스는 내부동료인 내부고객은 물론 외부고객까지
혼란에 빠뜨린다.

예) '교환 불가이지만 이번만 교환해드릴게요'라고 무리수를 두
는 서비스를 하면 고객은 당연히 교환이 되는 것으로 인식하고
다음에 또 요구를 한다. 표현은 부드럽게 하되, 내용은 예리하
게, 안 되는 것은 안 된다는 일관성 있는 서비스가 필요하다.

무관심 : 몸뻬 바지 입은 아줌마가 물방울 다이아몬드를 산다는
말처럼 고객을 외모로만 판단하고 무관심한 적은 없었는지 되
돌아본다.

예) '내가 판매직 3년차라 척 보면 알지! 딱 보니 물건만 둘러보
고 인터넷에서 살 스타일이구먼!' 한두 번은 맞을지 몰라도 이
런 습관은 고객을 도망치게 하는 첩경이다. 당신의 생각이 표정
에 그대로 나타나 고객의 마음을 경쟁사로 가도록 한다는 사실
을 기억하자.

이상형을 매혹할 때 상대가 좋아하는 스타일과 관심사에 대해 연구하기 어려운 경우, 일반적으로 대다수의 이성이 좋아하는 공통분모를 참고한다. 여름에는 거의 조깅코스로 가로수길을 지나가는데, 커플들 사이에서 너무 자주 보게 되는 광경이 있다. 바로 데이트할 때 남성이 여성의 머리를 쓰다듬는 모습이다.

왜 그럴까? 모든 여성이 자신의 머리를 남자친구가 쓰다듬는 것을 좋아한다고 남자들이 생각하기 때문이다. 하지만 모든 여성이 좋아하는 것은 아니다. 며칠 전에 본 커플이 그런 케이스로 여자친구가 갑자기 자신의 머리를 쓰다듬고 있는 남자친구의 손을 거의 내동댕이치면서 한마디 한다.

"내가 강아지야? 아까부터 왜 자꾸 내 머리를 쓰다듬어? 기분 더럽게"

당황한 남자친구 왈 "여자들이 좋아한다고 해서 한 건데… 넌 싫어?"

이처럼 대다수의 여성들이 그런 행동을 좋아한다고 남성들은 착각한다. 그래서 상대의 취향과는 상관없이 여기저기서 들은 동냥 지식을 마구 활용하다 마찰을 일으키기도 한다.

지금부터 일반적으로 고객들이 매혹당하는 3가지 서비스 법칙 DSR을 설명할 것이다. 하지만 맹신하지는 말고, 활용하기 전에 고객의 성향을 파악하는 것이 먼저라는 것을 잊지 말자.

1단계 Dream : 고객을 꿈꾸게 하라

...... "몸매를 돋보이게 하는 이 옷을 입은 고객님의 멋진 모습을 상상해보세요"

뉴욕에 머물 때 속옷 브랜드 빅토리아 시크릿을 입으면 나도 8 등신 미녀 미란다 커가 될 수 있다는 꿈을 꾸게 만든 '빅토리아 시크릿' 직원의 화술에 홀딱 넘어가서 입지도 못할 속옷을 왕창 사들인 적이 있었다. 그나마 세일기간에 사서 덜 억울하지만 그 당시로 돌아가도 물건을 살 것 같다. 비록 입지는 못해도 그때 당 시 그 물건을 판매한 직원이 나를 꿈꾸게 한 멘트들이 지금 생각 해보면 그렇게 특별하지는 않지만 감성을 자극했기 때문에 내 마 음이 움직인 것 같다.

2단계 Sense : 고객의 오감을 자극하라

...... "마음껏 화장해보시고 더 아름다워지고 싶으시면 저를 불러 주세요!"

세포라Sephora 매장에서 내가 가장 먼저 들은 직원의 말이다. 감성을 사로잡는 것은 대단한 능력이다. 나의 감성을 흔들기에 충분했던 직원의 첫 멘트는 환상의 타이밍이었고, 세포라 매장을 들어설 때부터 매혹적인 향기에 빠져버린 나는 그동안 뿌려보고 싶었던 향수와 화장품을 직원의 눈치 따위는 볼 필요 없이 마음껏 뿌려보고 칠해보면서 놀이터에 온 어린이처럼 몇 시간을 푹 빠져들었다. 지금이야 우리나라에도 아리따움이나 올리브영 등 여러 화장품 매장에서 실제 화장품이나 향수를 이용할 수 있지만 몇 년 전인 그 당시만 해도 신선한 고객중심 서비스 혁신이었다.

1997년 인수해서 루이비통모넷헤네시LVMH그룹이 운영하는 화장품 유통 체인 세포라는 1969년 프랑스의 작은 향수 가게로 시작했다. 하지만 카테고리별 진열, 고객이 편하게 이용해볼 수 있는 고객중심의 넉넉한 테스트 존과 셀프 서비스로 대표되는 혁신적인 운영방식이 각광받으며 미국을 시작으로 전 세계 곳곳에 1,900여 개의 매장을 보유하고 있다.

10위권 내 화장품 시장을 가진 국가 중 세포라가 진출을 하지 않은 곳은 한국이 유일하다. 일본은 1999년에 진출했지만 지금은 철수했다. 우리나라의 동종업계에서 긴장을 늦추지 말고 한발 앞서가는 오감자극 서비스로 고객을 매혹한다면 세포라가 상륙한다한들 긴장할 필요는 없을 것이다.

그러고 보면 오감자극을 가장 잘 하는 곳으로 백화점 식품매장을 빼놓을 수 없다. 삼겹살을 지글지글 굽는 소리를 들으며 향을 맡으면 어느새 그쪽으로 달려가고 있는 나를 발견한다. 이것이 바로 오감을 자극하는 시즐 광고sizzle advertising다. 시즐이라는 용어는 미국의 엘마 호일러가 강조한 것으로 이는 고객이 시즐에 자극되어 스테이크가 먹고 싶어지는 것을 활용해 만든 용어다.

즉 시즐 판매란 '상품 그 자체를 직접 판매하려고 하지 말고 시즐을 먼저 팔아야 한다' 는 의미다. 원래 시즐sizzle이란 용어 자체는 불에 고기를 구울 때 지글지글 익는 소리를 말한다. 침샘을 자극하여 식욕을 돋우는 매혹적인 소리로써, 듣는 사람의 오감을 자극해서 구매를 유도하는 방법이다. 맥주를 들이키는 맛있는 소리부터 들이킨 후 '캬~' 하는 소리 그리고 '뻥' 하며 병뚜껑 따는 소리, 된장찌개가 불 위에서 '보글보글' 끓는 소리, '후르륵후르륵' 면을 먹는 소리 등을 이용한 광고를 많이 볼 수 있다.

3단계 Rumour : 고객이 소문내게 하라

...... "거기 가봤어요? 꼭 한번 가보세요! 후회하지 않을 거예요!"

지인에게 카톡을 받고 가로수길에 오픈한 자라홈 국내 2호점을 가봤다. 매장 입구에서부터 매혹적인 향기로 후각을 자극하더니 상품 하나하나가 신선한 디자인과 합리적인 가격이다. '보헤미안의 숨결'을 테마로 해 집시, 오리엔탈, 인도 등의 키워드가 연상되는 디자인이 시선을 끈다.

베르사유 궁전에서 영감을 받은 네잎클로버 모양의 식기부터 바닷속 산호초처럼 신비한 느낌을 주는 파랑, 초록과 오렌지 등 알록달록한 색감들 그리고 매혹적인 트레이와 커트러리 세트를 보니 음식도 못하는 내가 갑자기 가까운 친구들을 초대해서 웃는 상상을 하면서 구매 욕구에 불이 당겨졌다. 자라는 일주일에 2번씩 신상품을 소개하고 있다. 이는 자라는 항상 새롭다는 인식을 고객에게 심어주는 전략이다. 기분 좋게 쇼핑하고 카톡으로 답장을 보냈다. "안 갔으면 후회할 뻔했어요. 고마워요!"라고.

고객이 스스로 소문내게 만드는 자라홈은 참으로 매혹적이라는 생각이 든다.

타깃고객을 매혹하는 서비스전략

...... 나는 '가치소비자'를 지향한다. 나뿐만 아니라 최근 소비자는 '가치소비자'를 지향한다. 가치소비란 소비자가 직접적인 가치 판단에 따라 사전 정보를 토대로 비교해보고 구매하는 합리적

인 소비방식을 가리킨다. 가치소비자는 시간과 발품 대가로 고품질을 합리적인 가격에 구매하는 것을 능력으로 여기며 SNS를 통해 소문도 발 빠르게 내는 주역이다.

이런 경향으로 SPA^{Specialty retailer of Private label Apparel} 브랜드는 지난해 성장세를 이어갔다. SPA는 유니클로, 자라, H&M 등과 같이 한 회사가 생산·유통·판매를 모두 맡고 대량생산해 30~50% 정도 저렴하다. 디자인과 품질도 가격 대비 뛰어나 고객의 만족도가 높다.

요즘 젊은 세대는 여러 이성과의 썸타기를 이상하게 여기지 않는다. 한 명을 만나서 결혼에 골인해야 한다는 강박관념 따위는 없다. 여러 이성을 만나고 자신에게 가장 잘 어울리는 이상형을 찾는 데 다양한 채널이 열려 있는 시대에 살고 있다. 그만큼 선택의 폭이 넓고 또 그만큼 선택이 쉽지 않기도 하다.

이런 추세에 맞춰 닥스 액세서리는 고급 브랜드 스와로브스키 크리스털과 협력한 제품을 선보이는 전략을 선택하고 '크리스탈 럭스' 백을 출시했는데 한 달 만에 완판됐다. 고급 브랜드 스와로브스키의 원석을 사용한 제품이 닥스와 만나 상대적으로 저렴해지면서 고객의 감성을 매혹한 것이다.

공공기관에서도 고객을 매혹하는 전략은 빛을 발하는데, 가장 눈에 띄는 곳은 바로 '국립중앙도서관'이다. 요즘 논문을 쓰고 있는데 필요한 자료가 많아 오랜만에 방문했다. 국립중앙도서관 전 직원 대상으로 '감성서비스교육'을 한 지 1년만이다. 나도 교육에 입문한 지 20년이 넘다 보니 교육을 참여하는 직원의 태도를 보면 그 조직의 수준과 서비스 열정 온도가 감지되는데 느낌이 참 좋았다. 역시나 인적 서비스뿐만 아니라 시스템 측면에서도 매혹적인 서비스가 돋보였다.

홈페이지에서 회원등록을 하면 도착하자마자 무인시스템을 이용해서 '일일이용증'을 간편하게 발급받는다. 웬만한 자료들은 모두 홈페이지에서 자료 당일 신청을 하면 내 경험상 20분 이내에 받게 되는데 무작정 기다리는 것이 아니라 '신청한 자료가 준비되었습니다'라는 문자를 보내줘 효율적으로 시간을 관리할 수 있다. 다 활용한 자료들을 6시 이후에는 무인시스템을 통해서 반납할 수 있고, 자신의 노트북을 이용하고 싶은 고객을 위한 별도의 공간도 마련되어 있어서 무척 편리하다.

뉴욕에 머물 때 가장 많은 시간을 보낸 곳이 바로 뉴욕공립도서관이라 비교를 안 할 수 가 없는데, 자동화 시스템이나 시설의 청결함 그리고 특히 인적 서비스 부분에서 '국립중앙도서관'이 결코 떨어지지 않는다. 오히려 시스템적인 쾌적함과 인적 서비스 측면에서는 오히려 한 수 위다.

국립중앙도서관이 복합문화공간으로 변신을 시도했다는 기사를 인용하지 않더라도 단순히 책의 활자를 읽는 공간이 아닌, 책의 맥락을 파악해 좀더 풍성하게 이해하고 느낄 수 있는 공간을 마련하기 위해 얼마나 신경을 썼는지를 곳곳에서 체감할 수 있었다. 문학실을 북카페처럼 꾸며서 도서관이 보유한 희귀 문학도서와 작가의 유품 · 원고 등을 전시한 것부터 도서관 장서를 큐레이팅한 전시를 선보이는 등 매혹적인 서비스로 고객의 감성을 유혹하고 있다.

공공기관도 이처럼 끊임없이 서비스 혁신을 하는 지금, 우리 조직의 가치소비를 원하는 고객을 매혹하는 서비스 전략은 무엇일까? 머릿속으로 우선 스케치 디자인해보자.

제2장

고객을
매혹하기

03
서비스 마인드
마음가짐은 왜 중요한가?

연애하고 싶은 남자, 결혼하고 싶은 남자

······카페에 앉아 있는데 건너편 테이블에 앉은 두 여성의 대화가 흥미롭다.

"넌 그래서 안 돼! 어쩜 만나는 놈마다 다 그 모양이니? 넌 나쁜 놈들한테만 끌리는 이상한 DNA가 있나 봐! 아파서 좀 데리러 와달라는 게 그렇게 무리한 부탁이냐고? 알고 보니 네 남자친구 아프다고 거짓말 한 날도 클럽에서 부킹하면서 놀고 있더래!"

당사자보다 더 흥분한 친구의 이야기를 들어보니 친구의 남자친구는 정말 천하에 둘도 없는 '나쁜 놈'이다. 거짓말을 밥 먹듯이 하면서 노는 것만 좋아하는 일명 '클럽 죽돌이 스타일'이었던 것이다.

"그래도 그런 나쁜 놈이 한달 데이트용으로는 나쁘지 않아. 결혼은 좋은 남자라 하면 되지!"

나는 나쁜 남자친구를 둔 여자친구가 하는 답변을 듣고 한참 웃고 말았다. 어쩌면 둘이 참 잘 어울리는 커플인 듯싶다.

연애는 '나쁜 남자'와 하고, 결혼은 '좋은 남자'와 하고 싶는 것이 여자의 심리라는 연구결과가 최근에 나와 흥미롭다. 최근 벨기에 겐트대학 연구팀 결과를 보면 여성은 하룻밤 상대로 술과 담배를 피우는 위험해 보이는 남성에게 더 섹시함과 매력을 느끼는 반면, 장기적인 관계로 이르는 이른바 결혼상대로는 나쁜 남자를 기피한다고 한다.

결이 맞으면 시너지가 난다

……이성 간에도 비슷한 성향이 만나듯 고객과 조직도 결이 비슷한 사람과 문화가 모이는 경향이 있다. 경쾌한 서비스를 원하는

고객, 우아한 서비스를 선호하는 고객, 창의적인 서비스를 기대하는 고객, 자연스럽고 편안한 서비스를 좋아하는 고객 등 어떤 조직을 이용하는 고객이 그 조직의 문화를 대변해주기도 한다. 물론 천편일률적으로 한 가지 스타일의 서비스를 보이는 것은 지루할 수 있지만 기본 바탕에 깔린 가장 대표적인 서비스의 결은 어떤 조직이든 있기 마련이다.

사람도 그렇고 물건도 그렇고 나는 한번 인연을 맺으면 그 인연이 참 오래가는 편이다. 타고 다니는 차도 동고동락을 한 지 10년이 훌쩍 지나서 아쉽지만 떠나보내야 할 때가 되었다. 사실은 주변의 염려가 너무 심해서 떠나보내기로 결심했다는 것이 더 맞는 말이다. '강실이(내 차의 예명)'만 한 차를 만나기 쉽지 않음을 잘 알기에 시간과 발품을 팔아가며 참 많은 매장을 다녔다. 마음이 가는 특정 브랜드가 생겨서 두 군데 딜러사의 조건을 비교했다. 사실 가격 조건은 크게 다르지 않았는데 직원의 응대 스타일이 참 상이했다. 첫 번째 매장에서 만난 직원은 자신의 머리에 헤어용품을 지나치게 투자한 느낌이 강렬했다. 동백기름을 발랐는지 반질거리는 헤어에서부터 독특한 스타일이라는 직감이 틀리지 않았음을 금세 알 수 있었다. 어디에 사냐고 묻기에, 강남에 산다고 대답하니 요즘 강남 아주머니의 '라이프 스타일'을 브리핑까지 해준다.

강남 아주머니들 사이에서는 차를 고를 때 가장 중요한 것은

'자신의 아파트 주차장에 어떤 모델이 제일 인기고 학부형이 되면 무조건 수입차로 바꾸는데 차에 트레일러나 에어스트림 등을 다는 것이 요즘 유행하는 라이프스타일'이라며 시종일관 가벼운 우스갯소리를 섞어서 이야기한다. 뿐만 아니라 금액 협상에 들어가자 대뜸 하는 말이 '다른 딜러사 어디를 다녀왔느냐?' '그곳보다는 무조건 싸게 해주겠다' '화이트칼라를 하면 몇 달이나 기다려야 하니 실버칼라로 하라' 등등 속사포처럼 진행을 하면서 말한다. 목이 좀 말라서 물 좀 마실 수 있냐고 물어보니 그제야 "커피 괜찮으시죠?"라고 한다. 난 시원한 물이 마시고 싶었는데 따뜻한 커피를 주는 모습을 보면서 판매 열정은 높으나 상대의 욕구를 알고 그것에 맞추어 제안해주는 고객중심 마인드는 없다는 생각이 든다. 그 당시 내가 내린 그 판단이 맞냐 틀리냐는 그리 중요하지 않았다. 왜냐하면 나는 내 판단을 사실보다 강하게 신뢰했기 때문이다. 나뿐만 아니라 많은 고객이 그러하기에 고객의 판단은 무서운 것이다.

반면에 두 번째 딜러사에서 만난 직원은 응대 스타일이 전혀 달랐다. 정리된 헤어와 편안한 스타일로 이야기를 진행해나갔다. 날씨가 상당히 더워졌다면서 부담 없는 날씨 이야기로 내 마음의 문을 열더니 편안한 자리로 안내해준 이후에는 우선 경청하는 모습으로 내가 원하는 스타일의 차종이 어떤 것이고 어떤 용도로 차를 선택하려고 하는지 그리고 내가 비교하고 있는 차종이 있는지 물어보고 조목조목 신뢰감 있게 설명해주었다. 설명을 잘 듣고 나오니 우리가 타고 갔던 차에 '전시장을 방문해주신 고객님께 감사의 마음을 담아 생수를 드립니다' 라는 메시지가 걸린 앙증맞은 사이즈의 생수가 있었다. 기대하지 못했던 깜짝 선물이라 기분이 좋았다.

고객의 감성을 흔들어야 하는 입장에 있는 모든 이들에게 SMILE을 마음에 새기고 몸으로 익히면 경쟁력이 자연스럽게 생긴다.

- **서비스 마인드**Service mind : 다른 사람의 몸와 마음을 기쁘게 하고, 즐겁게 하며, 편안하게 하려는 마음가짐
- **매너**Manner : 사람마다 가지고 있는 독특한 몸가짐이나 습관
- **이미지**Image : 내가 타인에게 공개하기로 결정한 내 부분들의 총집합
- **경청**Listening : 귀를 기울여 들음
- **공감**Empathy : 다른 사람의 심리적 상태를 그 사람의 입장이 되어 느끼는 것

그중에서 가장 먼저 우리의 마음에 장착해야 할 서비스 마인드를 살펴보자.

고객은 영어로 'customers' 와 'clients' 로 표현된다. 'customers' 는 불특정 다수의 고객을 의미하고, 'clients' 는 일대일의 세심한 배려가 필요한 고객이라는 의미가 강하다. 그래서 보통 변호사와 의뢰인 또는 의사와 환자 같은 관계는 'clients' 를 사용하고 항공사나 호텔, 테마파크, 백화점 등에서는 'customers' 라고 표현한다.

1970년대 이후 기업체와 학계에서 주목을 받아온 고객만족 Customer Satisfaction Management이란 목표라기보다는 기업의 존재의 의의이자 목적이라고 할 수 있다.

평생교육학 박사로서 내가 가장 강조하는 것 중에 하나가 '우리는 요람에서 무덤까지 평생 학습한다' 다. 마찬가지로 고객만족 서비스 혁신에 20년 넘게 종사해온 전문가로서 '우리는 요람에서 무덤까지 평생 서비스를 주고받는다' 라고 생각한다. 태어날 때는 병원 서비스를 받고 일생 동안 온갖 서비스를 주고받다가 생을 마감할 때는 장례 서비스를 받지 않는가!

어떤 서비스 마인드를 갖고 있는 직원을 만나느냐에 따라 음식 맛이 달라지기도 하고 상품의 가치가 다르게 느껴지기도 한다. 브랜드의 가치를 높이는 직원의 서비스 마인드는 조직의 가장 확실한 경쟁력이다. 아는 지인이 경험했던 참 유쾌한 서비스 사례

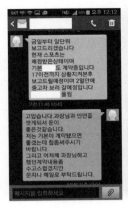

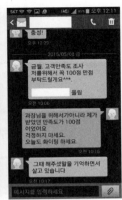

를 살펴보자. 신차 구입을 하던 중 '서비스 마인드'가 투철한 직원과 주고받은 문자만 보아도 이 지인이 얼마나 그 직원을 신뢰하는지 느낄 수 있었다. 뿐만 아니라 고객중심 마인드를 갖고 있는 그 직원의 세심한 배려가 진하게 전해졌다.

　다만, 한 가지 마음이 아팠던 것은 높은 고객만족도 점수를 받는 것에 대한 스트레스가 너무 크지 않을까 하는 염려와 함께 고객만족을 위한 서비스가 아니라 높은 점수를 받기 위한 서비스로 주객이 전도되는 시스템이 되면 어쩌나 하는 걱정이 조금 들었다. 사실 지인의 말에 의하면 100점 만점에서 자신은 200점을 주고 싶을 만큼 만족스러웠다고 한다.

　삼성에버랜드 서비스 아카데미에 근무할 당시 CEO는 혁신적인 서비스 스타일을 고객에게 선사하려고 노력했다. 그러기 위해 전 직원에게 가장 강조했던 것이 바로 친절 5대 항목이다. 표정, 용모복장, 자세태도, 화법, 전화응대로 지금 생각해보니 매혹적인 사람이 되기 위한 기본 뼈대였다. 하지만 이런 뼈대는 기본적으로 고객을 중심에 두는 진정한 '서비스 마인드'가 바탕이 되지 않으면 모래성이 되고 만다. 그렇기 때문에 서비스를 하는 우리가 가장 중요하게 생각해야 할 것은 '우리가 왜 고객중심 서비스를 해야 하는가?'에 대한 성찰과 프로세스의 이해다.

고객은 천사인가? 헐크인가?

...... 칠리소스를 더 달라는 고객의 요구에 냉랭하게 응대한 직원 때문에 흥분한 고객이 총을 쏜 사건이 벌어졌다. 2007년 5월 마이애미에 있는 웬디스매장에서 발생한 일이다. 햄버거 하나에 최대한 허용되는 칠리소스 개수는 3개였음에도 고객이 요구하는 10개를 건넸다. 그런데도 계속되는 요구로 직원과 마찰이 생기자 화가 난 고객을 말리려던 매니저에게 수차례 총기를 발사한 것이다. 너무 이상한 고객이 아니었을까 막연히 추측을 하지만, 그냥 우리와 보통 다르지 않는 고객이었는데 직원의 냉랭하고 무시하

는 태도가 가장 근본적인 문제였다면 더 끔찍한 일이 아닐 수 없다. 멀쩡한 고객을 '헐크'로 만들어 매니저에게 총을 쏘게 만든 원인이 직원의 불친절이었다면 말이다.

이번 장에서는 이상한 고객이나 블랙컨슈머가 아닌 일반적인 고객을 대상으로 하는 서비스 마인드를 다뤄보고자 한다. 블랙컨슈머를 대하는 자세는 뒤에서 구체적으로 다룰 예정이다.

서비스 마인드가 있는 직원은 만족스러운 서비스로 고객의 감성에 불을 지피고 고객이 기분 좋게 '지갑'을 열 수 있도록 한다. 그런 재구매의 사이클이 계속되면 기업의 이윤은 많아지고 직원의 복리후생이나 월급도 자연스럽게 높아진다. 조직에 대한 애정은 물론 조직문화도 함께 긍정적으로 되면서 고객의 충성도는 더욱 높아지는 선순환이 생긴다. 그래서 직원이 프로세스를 이해하는 것은 참 중요하다. 내 석사와 박사 논문 주제가 모두 이런 흐름과 관련이 있을 만큼 나의 모든 관심사는 '서비스, 고객, 재구매, 서비스 교육, 고객가치, 서비스 품질'로 요약할 수 있다.

그런데 요즘에는 직원에게 무조건 '서비스 마인드'를 강요할 수 없다. 왜냐하면 '갑질'을 하면서 직원의 감정균형을 무너뜨리는 '갑질 고객'의 등장 때문이다. 그래서일까? 고객에게 시달리면서 감정노동을 하는 '직원이 행복해지는 교육'에 대한 요구가 점점 많아지고 있다. 이번 여름에 진행한 '행복한 감정코칭'과

'셀프마음경영'이 작년에 비해 강의를 요청하는 기업이 3배 정도 늘었으니 말이다.

직원이 행복해야 고객도 행복해진다는 이치를 알기 때문인 경우도 있고, 요즘 이슈가 되는 고객 갑질로 인해 피해 받는 감정노동자에 대한 보상 개념인 경우도 있다. 사실 요즘은 후자의 이유로 진행하는 곳이 훨씬 많아졌다. 고객가치경영 없이는 회사의 이윤 창출이 어렵기 때문에 지금까지 많은 기업에서 CS Customer Satisfaction, 고객만족 교육을 진행해왔다.

1993년부터 20여 년 동안 CS 교육을 진행해온 내 입장에서는 사실 교육방향은 비슷하지만 진행하는 교육내용의 비중은 많이 달라졌다. 교육 방향은 이렇다. 고객이 왕이면 서비스 제공자는 전문가다. 그 의미는 고객을 왕처럼 귀하게 여기고, 서비스 제공자는 전문가로 대우해줘야 한다는 의미다. 또한 서비스 제공자가 행복해야 그 서비스를 받는 고객도 행복해지기 때문에 가장 중요한 것은 서비스 제공자(감정노동자)의 정서관리라는 것이다.

이런 교육방향은 예전이나 지금이나 크게 달라지지 않았다. 다만 예전에는 인사나 응대법 등 실질적인 고객응대기법 체득에 시간을 많이 할애했다면 지금은 서비스 제공자의 마음관리 및 블랙컨슈머 MOT Moment of Truth, 진실의 순간 상황별 응대법 등을 최대한 구체적으로 나누되 서비스 제공자들과 토론을 통해 정답이 아닌

해답을 찾아내는 데 심혈을 기울이고 있다.

고객의 감성을 자극하라

…… 이성 간에도 '좋은 여자'와 '나쁜 남자'가 만나 결혼까지 결혼하는 경우도 있다. 이런 경우는 좋은 여자의 긍정 영향이 무척 강력해서 나쁜 남자의 나쁜 기운을 정화하거나 좋은 여자의 무조건적인 헌신으로 결혼생활이 유지된다. 그런 경우를 제외하고는 대개는 외적인 매력은 서로 다를지언정, 삶의 철학 등에서 공통분모가 많을 때 장기적인 관계로 유지·발전되는 경우가 많다. 고객과 기업의 관계도 마찬가지다. 고객과 오랜 기간 견고한 신뢰관계를 유지하려면 고객이 기대하는 '서비스 마인드'와 고객 서비스를 제공하는 직원의 '서비스 마인드'가 결이 비슷해야 한다.

고객의 감성을 흔드는 'SMILE' 매혹 DNA 중 서비스 마인드에 대해서 살펴봤다. 고객의 감성을 매혹하는 잠재적 DNA는 누구나 가지고 있다. 다만 잠재된 DNA를 얼마나 잘 개발하는지는 자신의 노력에 달렸다. 21세기는 시대의 흐름을 간파하고 고객의 마음을 스마트하게 훔치는 자가 성공한다. 조직에서 성공하기 위해서는 고객의 도움이 절실하다. 고객의 감성을 매혹하는 자신의 서비스 마인드 DNA를 잘 발굴해서 멋지게 활용해보자.

04

매너
매너란 무엇인가?

그와 결혼한 이유는 무엇인가?

...... 이상형인줄 알았는데 차를 마시면서 쩝쩝거리는 소리를 아무렇지도 않게 낸다면 어떨까? 엘리베이터를 타서 층수를 누른 후 닫힘 버튼을 연속해서 눌러댄다면 어떤가? 옆에 자신이 있는데도 안경 너머로 지나가는 여성을 위아래로 훑어보기 바쁘다면 더 이상 이상형일 수 없다.

매너가 너무 좋아서 결혼까지 결심했다는 한 여성은 차 받침에 차를 옮겨담아 마시는 남자의 매너에 반해서 결혼했단다.

결혼 첫날밤 그녀가 남편이 된 그에게 이렇게 물었단다. "당신은 홍차를 마실 때도 참 매너 있어서 좋았어요! 차 마시는 습관을 맨 처음 서양에 전파한 네델란드 궁정예절에 따르면, 차는 찻잔 받침에 따라 마시는 것이 정석이었다는 것을 요즘 사람들은 잘 모르던데 당신은 어떻게 그걸 안 거예요?"

그런데 남편의 답변에 그 여성이 실망할 수밖에 없었던 이유는? 남편 왈 "실수로 홍차를 차받침에 흘렸지 뭐야. 아까우니까 마셨지!"

이유가 조금 허무하긴 하지만 남녀관계에서도 이 사례처럼 매너는 감성을 사로잡는 힘이 있다. 반대로 평생 기억에 남을 만큼 치명적인 무매너를 보여주는 인간도 있다.

얼마 전 매사에 배려심 넘치는 후배의 넋두리가 한 시간째 이어졌다. 이 후배가 이렇게 말을 많이 빠르게 말하는 사람인지 미처 몰랐다. 오랜만의 소개팅에 설레는 마음으로 미용실에 가 거금을 들여서 원장의 비싼 손길로 최신 스타일로 드라이도 하고 '남심을 사로잡는다는 시스루스타일 원피스'도 3개월 할부로 사서 입고 갔단다. 보는 순간 '아! 이 운명의 남자를 만나려고 내가 30년도 넘게 기다려왔구나!' 싶은 생각을 상대에게 들키지 않으려고 무던히도 노력하는 그녀에게 매너도 좋아 보이는(?) 그 남자는 메뉴판의 비싼 음식을 아낌없이 주문하더란다.

'이 남자도 내가 마음에 드는가 보네!' 라는 생각과 함께, 품격 있게 먹는 테이블 매너를 보여주며 별로 말이 없는 그 남성을 보면서 '말수가 없는 묵묵함' 조차도 매력으로 다가왔단다.

디저트를 거의 다 먹고 계산을 할 무렵 그 남성이 후배에게 한 말은 '제가 오늘 지갑을 안 갖고 왔는데 어쩌죠?' 라고 하더란다. 그때까지도 순진한 후배는 '애프터신청도 이런 식으로 하는구나! 다시 만나지 않을 수 없도록 이런 방법까지 쓰다니 내가 마음에 엄청 들었나보지?' 라고 생각했는데 한 달이 지난 지금까지도 카톡 하나 없는걸 보면 그 남자는 매너가 없는 정도가 아니라 매너 따위는 안중에도 없는 제비이었던 듯싶다.

매너가 사람을 만드는가?

……남녀관계에서도 그렇듯이 21세기는 매너까지 완벽한 매력 있는 인재를 원한다. 요즘 들어 비즈니스 매너 교육 의뢰가 많이 들어온다. 대기업의 CEO는 물론, 임직원, 신입사원 심지어 얼마 전에는 서울대학교 글로벌인턴십 교육과정을 듣는 학생을 대상으로 교육을 진행했다.

"매너가 사람을 만든다^{Manners maketh man}"는 영화 〈킹스맨〉에 나온 대사다. 해리(콜린 퍼스)가 주인공 에그시(태론 에거튼)를 위협하는 동네 불량배에게 한 말로, 해리는 중세식 영어인 이 대사를 의미심장하게 뱉으며 순식간에 불량배를 처리한다.

사실 이 대사는 영국 옥스퍼드 뉴 칼리지와 윈체스터 칼리지의 모토이자, 두 학교의 설립자인 위컴의 윌리엄의 모토라고 한다. 말 그대로 매너가, 즉 세련된 교양이나 예절이 인간을 인간답게 만들어준다는 뜻이다. 그렇다면 과연 매너가 사람을 만들 수 있을까? 영국 신사의 입에서 나온 이 말은 단순히 매너의 중요성을 말하는 것 같지만 결국 그러한 매너를 갖추지 못한 사람은 인간답지 않다는 뉘앙스를 풍긴다. 물론 이 영화에서의 매너는 바로 허위와 위선적인 상류층에 대한 신랄한 비판과 패러디로 읽을 수 있다. 하지만 포장과 허례가 아닌 진정한 매너가 사람을 만들 수 있다는 생각에는 많은 이들이 공감하리라 믿는다.

20여 년 전 만해도 매너가 밥 먹여주냐던 기업들도 결국엔 매너가 밥 먹여주더라며 매너의 힘을 인정하고 있다. 얼마 전 오랫동안 알고 지낸 후배가 늘어진 한숨으로 하소연을 늘어놓았다. 상사에게 한소리 들은 모양이었다.

'김 대리! 자네는 도대체 항상 왜 그 모양인가? 거래처에서 자네 에티켓 교육 좀 시키라고 말들이 많네! 요즘 비즈니스 세계에서는 에티켓이 보이지 않는 경쟁력이란 사실도 모르나? 쯧쯧….
지금 당장 매너교육 좀 받고 와!' 라고….

높은 경쟁률을 뚫고 대기업에 입사했을 때 만해도 동네에서 축하인사를 받으면서 자존감이 하늘을 찌르고도 남았던 김 대리!
이제는 입사 5년차로 업무능력은 누구에게도 뒤지지 않는 실력파지만 동료들이 부르는 김 대리의 별명은 '매너 꽝'이다.

매너 꽝인 덕분에 거의 성사된 비즈니스에 파토를 낸 것도 여러 번인 김 대리는 뭐가 문제였던 걸까? 그의 일과를 들여다보자.

금요일 아침 10시에 거래처 임원 앞에서 프레젠테이션을 해야하는 김 대리. 10분 전에 도착해보니 거래처 임원들이 미리 자리에 앉아 있어 조금 당황스러웠지만 간단한 인사와 함께 두 손으로 명함을 쥐고 상대방이 자신의 이름을 잘 볼 수 있도록 거꾸로된 방향으로 내밀면서 '영업팀 대리 김매너입니다. 잘 부탁드립니다'라고 또박또박 말했다.

프레젠테이션을 마치고 돌아오는 길에 뭔가 허전함을 느낀 김 대리. 아뿔싸! 거래처 임원들에게 받은 명함을 고스란히 회의실 테이블에 놓고 온 것이 아닌가!

헐레벌떡 식은땀을 닦으며 다시 회의실로 올라가는 엘리베이터를 탔는데 크게 울리는 전화 벨소리 "아빠~ 전화 받아' 오늘따라 아이가 녹음해준 벨소리는 왜 이리도 큰지. 홍당무가 된 얼굴이 지금도 화끈거리는 듯하다.

　전화는 팀원이 상을 당해 문상을 가야 한다는 것이었다. 프레젠테이션에서 강한 인상을 남기기 위해 남청색 슈트에 짙은 와인 칼라의 넥타이를 매고 있는 상태라 고민이 되었다. 당장 검정색 넥타이를 구할 수도 없는 노릇이다. 옷보다는 마음이 중요하다고 생각해서 부리나케 문상을 하러 갔다.

　문상을 가서 상주에게 어떤 위로의 말을 해야 하는지를 몰라 망설이다 '아이고… 어쩌다 이렇게 되셨어요?' 라고 나름 고심 끝에 말을 건넸는데 이 질문에 당황하는 상주를 보며 뭔가 또 잘못되었음을 직감하며 슬쩍 자리를 떴다. 도대체 나는 왜 이럴까를 되뇌며….

매너란 무엇인가?

……맛있는 만찬을 먹던 중 레몬 한 조각이 띄워진 물이 근사한 볼에 담겨 나왔다. 초대된 중국 고위관리자는 그 물을 시원하게 들이켰고 그 광경을 목격한 영국 고위관리자들은 순간 당황하며 속으로 손가락질을 했다. 왜냐하면 그 물은 마시는 물이 아니라, 손가락을 씻는 핑거볼이었기 때문이다. 영국 고위관리자의 눈에

는 그 물을 마신 이는 서양 테이블 매너를 전혀 모르는 몰상식한 사람이었던 것이다. 하지만 영국의 엘리자베스 여왕은 주저하지 않고 그 핑거볼의 물을 함께 마셨다.

20여 년 동안 비즈니스매너 컨설팅을 해오면서 진정한 매너에 대해 설명할 때 자주 활용하는 사례다. 이 일화가 주는 의미는 실로 크다. 보는 사람의 입장에 따라 몰상식한 주인공이 달라지기 때문이다.

핑거볼의 물을 마신 엘리자베스 여왕은 과연 몰상식한 것일까? 아니면 다른 문화를 제대로 이해하지 못하고 적응하지 못했다는 이유로 손가락질을 한 영국 고위관리자들이 몰상식한 것일까? 그것도 아니면 방문할 나라의 테이블 매너를 사전에 익히지 못한 중국 고위 관리자가 몰상식한 것일까?

예전에 청와대에서 박근혜 대통령과 만나면서 왼손을 주머니에 넣은 채로 악수를 하는 빌 게이츠 회장의 사진이 공개되자 네티즌 사이에서 의견이 분분하다. 일부 네티즌은 국가 원수를 만나는 자리에서 결례라며 게이츠 회장의 태도를 비난했고, 다른 네티즌은 문화적 차이일 뿐이라고 반박했다.

빌 게이츠의 왼손은 메르켈 독일 총리, 프랑수아 올랑드 프랑스 대통령, 클린턴 전 미국 대통령, 후진타오 전 중국 주석, 이명박 전 대통령과 악수할 때도 자취를 감췄다. 김대중 대통령이나 시진핑 주석을 만났을 때처럼 왼손이 나와 있는 사진은 몇 안 되기에 그의 반쪽 악수를 습관으로 생각하는 이들도 없지 않다.

그럼 여기서 살펴보자. 빌 게이츠의 습관을 넓은 마음으로 이해하지 못하는 우리 네티즌이 몰상식한 것일까? 아니면 방문할 나라의 악수 매너를 사전에 익히지 못한 혹은 알면서도 안 한 빌 게이츠가 몰상식한 것일까?

매너의 사전적 의미는 행동하는 방식이나 자세, 혹은 일상생활에서의 예의라고 하는데, 라틴어 마누스Manus와 아리우스Arius의 복합어가 매너Manner다. 마누스Manus는 사람의 손, 행동, 습관을 뜻하며 아리우스Arius는 방법, 방식을 뜻한다. 즉 사람마다 가지고 있는 독특한 몸가짐이나 습관을 의미한다. 결국 테이블 매너에는 어긋나지만 상대의 입장을 헤아리는 역지사지의 마음으로 핑거볼의 물을 마신 엘리자베스 여왕의 매너는 좋았다. 반면에 상대의 입장보다는 자신의 습관을 고수한 빌 게이츠는 매너는 결코 좋았다고 볼 수 없다.

악수하는 행위는 상대방을 신뢰한다는 표시다. 중세 시대까지만 해도 악수는 손에 무기가 없으며 적의가 없음을 확인하는 수단이었다. 오늘날 악수는 일반적인 인사법으로 전 세계에서 가장 보편적으로 나누는 비즈니스 인사가 됐다. 서로 대등한 관계에서 나누는 수평적 인사인 악수에도 예의와 격식이 있기에 악수 또한 제2의 인격이라고 할 수 있다. 나 또한 악수 스타일로 처음 만나는 상대의 성품이나 인격을 추측하곤 하는데 신기하게도 크게 다르지 않았다. 상대를 배려하는 마음은 악수에서도 고스란히 나타나기 때문이다.

젠틀한 악수 스타일에는 5원칙이 있다. 적당한 파워, 한팔 정도의 거리, 3번에서 5번 정도 흔드는 리듬, 상대방과의 편안한 눈맞춤, 유쾌한 스마일이다.

상대에 따른 적당한 힘 조절과 한 팔 정도의 편안한 거리가 필수다. 손을 세게 잡거나 마구 흔드는 것은 좋지 않다. 하지만 가장 중요한 것은 마음 담긴 눈맞춤과 인사말이다. 악수를 나누는 빌게이츠의 눈맞춤과 편안한 표정만 본다면 그의 악수 스타일은 젠틀하다. 주머니에 숨어 있는 왼손만 아니라면.

'창조 경제'의 성공 사례로 박 대통령에게 인정받는 빌 게이츠는 670억 달러(약 74조 원)의 재산을 보유한 세계 2위의 부자로 아름다운 기부 활동은 물론 세계인에게 창조경제의 롤 모델로서 강한 내공까지 인정을 받은 만큼, 그동안 몸에 베인 매너를 상대방의 입장을 헤아려서 조금 더 창조적으로 거듭나면 어떨까 생각해본다. 로마에 가면 로마의 법을 따르는 것이 더 창조적이기 때문이다.

사람의 마음을 얻고 싶다면 기억하자! 핑거볼의 물을 주저 않고 함께 마셔준 엘리자베스 여왕의 역지사지 마음이 그녀를 더욱 빛나게 한다.

김 대리, 매너의 신 만들기 프로젝트

...... 김 대리의 이야기를 들으며 나는 소통이 제대로 되지 않은 부분을 콕콕 짚어주었다.

- 프레젠테이션이 진행되는 장소에는 최소 30분 전에 도착해서 꼼꼼하게 사전준비를 하라.
- 받은 명함은 지갑이 아니라 명함지갑에 보관하라. 처음 만나 함께 회의를 진행할 때에는 받은 명함을 직위 순으로 테이블 위에 배치하는 게 유리하다. 눈치껏 명함을 보며 상대의 이름과 직함을 확인할 필요가 있기 때문이다.
- 혹시 테이블 위에 명함을 두었다면 반드시 회수하라.
- 거래처와 상담을 할 때 휴대전화는 반드시 진동으로 바꾸거나 꺼놓아라.
- 남성 조문객의 옷차림은 검정색 양복이 원칙이나 갑자기 통지를 받았거나 미처 검정색 양복을 준비하지 못한 경우 감색이나 회색

도 실례가 되지 않는다. 드레스셔츠는 반드시 흰색으로 넥타이, 양말, 구두는 검정색으로 할 수 있도록 차나 사무실에 상시 준비해두는 센스를 발휘하라.

- 실제 문상의 말은 문상객과 상주의 나이, 평소의 관계 등 상황에 따라 다양하다. 그러나 어떠한 관계, 어떠한 상황이든지 문상을 가서 고인에게 2번 절하고 상주에게 절한 후에 아무 말도 하지 않고 나오는 것이 일반적이며 예의에 맞다. 그러나 굳이 말을 한다면 '삼가 조의를 표합니다', '얼마나 슬프십니까?' 또는 '뭐라 드릴 말씀이 없습니다' 라는 인사를 하면 된다. 이러한 인사말을 할 때는 큰소리로 말하지 않고 뒤를 흐리는 것이 예의임을 명심하라.

매너의 화룡점정은 상대를 향한 마음이다

⋯⋯ 매너가 좋은 사람이 마지막으로 갖춰야 할 것은 바로 사람을 대하는 마음이다.

아무쪼록 김 대리가 이런 실수들을 족집게처럼 알아서 제대로만 한다면 매너의 신이 되는 것은 시간문제일 것이다. 특히, 고객을 대하는 입장이라면 이런 매너들이 고객의 감성을 흔드는 순풍 역할을 할 것이다. 매너는 상대방에 대한 관심과 배려가 없는 상태에서는 자연스럽게 베어 나올 수 없음을 다시 한번 명심하고, 매너 없는 비즈니스 성공은 없음을 기억하자.

시대가 글로벌화 되면서 매너는 비즈니스의 성패를 가늠하는 키워드가 될 만큼 중요해지고 있다. 우리는 매너가 밥 먹여주는 그런 시대에 살고 있다.

05
이미지
어떤 모습을 허락할 것인가?

이상형을 볼 때 어디부터 보는가?

...... 청춘남녀가 버스에서 우연히 서로의 이상형을 만나는 광고 장면이 있다. 매혹적으로 눈빛을 교환하다 때마침 버스가 흔들리면서 서로 껴안게 된다. 그런데 순간 이상형이 이상하게 보인다. 향기가 구렸던 거다.

향은 사람을 매혹하는 가장 강력한 것으로 첫사랑의 얼굴은 기억 못해도 향기는 영원히 기억한다고 한다. 그러니 이상형이 있다면 우선 자신의 향기부터 점검해볼 필요가 있다. 그러나 이렇게 서로의 향을 경험하기 전에는 사람을 볼 때 가장 먼저 보는 부분은 어디인가? 눈, 코, 입, 스타일, 혹자는 구두 뒷굽을 가장 먼저 본다고 한다. 청결감이 있는지 여부를 알기 위해서 구두굽만한 것은 없다는 굳은 신념을 갖고 있기 때문이란다. 하지만 대부분 부분적인 것을 보기보다는 전체적인 이미지를 보게 된다. 부드러운 이미지라든가 아니면 딱딱한 이미지 또는 깔끔한 이미지라든가 지저분한 이미지 등등 그 사람의 전체적인 분위기를 우리는 이미지라고 한다.

그렇다면 여러분의 이상형은 어떤 이미지인가? 많은 남성들에게 어떤 여성에게 호감을 느끼냐고 물어보면 여성스러운 이미지, 밝은 이미지라는 말을 많이 한다. 그렇다면 고객은 어떤 이미지를 가진 직원을 매혹적으로 느낄까?

이미지란 무엇인가?

...... '이미지가 좋으시네요' '어떤 이미지를 좋아하세요?' 우리 생활 속에서 입에 자주 오르내리는 이미지라는 말. 그런데 많은 이들이 '멋진 이미지'를 원하면서 자신이 좋아하는 이미지로 꾸

미기 바쁘다. 이것이 잘못 낀 첫 단추다. 좋아하는 이미지가 아니라 어울리는 이미지를 먼저 찾아야 하기 때문이다. 어울리는 이미지를 알려면 우선 자신의 사회적 위치와 이미지를 객관적으로 파악해서 사회적 위치와 객관적인 이미지의 교집합을 찾아야 한다.

남자는 긴 생머리의 여성에게 매력을 느낀다는 믿음으로 머리를 줄기차게 길러대는 여자 후배가 있다. 볼 때마다 내 잔소리는 강도가 높아진다. 어쩔 수 없다. 정말 아끼는 후배이기 때문이다. 후배가 가장 감추고 싶어하는 각진 하관에 정수리 부분이 남들보다 푹 꺼진 그녀에게는 볼륨이 생명이다. 거기에 잦은 파마와 염색으로 머릿결은 윤기는커녕 갈색 수세미 같은 느낌이 강하다. 그런 머릿결로는 매력을 어필하기는커녕 있는 매력마저도 감점당할 수밖에 없는데 본인은 모른다. 더군다나 그녀는 은행에서 거액 예금자에게 고수익을 올릴 수 있도록 컨설팅을 해주는 금융 포트폴리오 전문가다. 그렇기 때문에 고객에게 신뢰감을 주는 스타일이 절대적으로 필요하다. 그럼에도 불구하고 그녀는 자신에게 필요한 스타일이 아닌 자신이 원하는 이미지만을 고집하고 있다.

모 잡지사에서 tvN 〈응답하라 1994〉 속 성나정 역을 통해 몸에 꼭 맞는 캐릭터와 연기로 시청자와 깊은 소통을 하는 데 성공한 고아라의 이미지를 분석해달라는 요청을 받은 적이 있었다. 그 당시 나는 그녀가 꾸준한 노력 끝에 꽃을 피운 연기자로 다양한 이미지를 가졌다고 느꼈다. 도시적인 분위기와 쾌활한 이미지가 공존한다고 평했다.

히포크라테스는 사람의 성격 패턴을 쾌활한 봄, 냉담한 여름, 성급한 가을, 우울한 겨울로 나누어 계절별 색상을 성격 분석에 활용했다. 이에 근거해 분석해보면 배우 고아라의 이미지는 차갑지만 부드럽고 지적이며, 시원한 느낌을 주는 '여름형' 캐릭터다. 일자형 짙은 눈썹은 도시적인 느낌을 배가시켜주는 촉매제 역할을 한다. 반면 사슴처럼 커다란 갈색 눈동자와 부드러운 코, 도톰한 입술이 피부톤에서 오는 차가움을 희석시켜준다. 이런 양면성이 청순하고 여성스러운 역할부터 털털하고 보이시한 역할까지 연기 폭을 넓혀주는 매력으로 작용한다. 실제로 데뷔작인 KBS2 〈반올림〉에서는 차가운 여름의 이미지였다면 tvN 〈응답하라 1994〉에서는 쾌활한 봄의 이미지였다.

또 시각적인 이미지는 새침하고 도도해 보이는 반면, 목소리와 같은 청각적인 이미지는 소탈하고 친근한 느낌을 지니고 있어 이런 양면적인 분위기가 배우 고아라만의 매력을 만드는 원동력으로 자리하고 있다.

그렇다면 이미지란 무엇일까? '내가 타인에게 공개하도록 허락한 내 부분의 총집합'이라고 할 수 있다. 다시 말하면 이마가 넓은 사람은 앞머리로 자신의 콤플렉스인 이마를 덮음으로써 타인에게 앞머리를 내린 얼굴만 공개한다. 그렇게 자신이 원하는 모습만 공개해 타인이 인식한 이미지는 진실과는 거리가 멀 수도 있다. 반면에 자신은 앞머리로 가린 자신의 이마가 넓은 이마보다는 나을 것이라고 판단했지만 타인은 늘 앞머리로 가려진 얼굴을 어둡게 느낄 수도 있다. 결국 자신이 원하는 이미지와 타인이 느낀 이미지 사이의 차이가 클수록 이미지 연출은 성공에서 멀어진다.

미국 UCLA의 명예교수인 앨버트 메레이비언Albert Mehrabian에 의해 알려진 '머레이비언 차트'에 의하면 사람과 대화를 할 때 느껴지는 이미지는 표정, 옷차림, 자세 등 시각적인 이미지가 55%, 음성, 말 속도, 억양 등 청각적인 이미지가 38% 그리고 말의 내용이 7%라고 한다. 결국 콘텐츠도 중요하지만 그것이 전부가 아

앨버트 머레이비언 법칙

말의
내용
7

청각적
38

%

시각적
55

닐 수 있다는 것이다. 아이폰에 대해 프레젠테이션을 한 스티브 잡스의 말보다는 그의 진지한 표정과 검은 터틀넥에 편안한 청바지 그리고 자신감 넘치는 자세가 가진 이미지 파워는 아무리 강조해도 지나치지 않음을 이미 알지 않은가!

그런데 우리가 느끼는 그 무엇에 대한 이미지는 사실 실제와 늘 같지는 않다. 그래서 혹자는 이미지가 실제보다 강하다고 말하기도 한다. '애플의 CEO'라는 타이틀이 스티브 잡스의 그 한결같은 옷차림을 '매력적인 그만의 코드'로 인식시켰을지도 모른다는 얘기다. 만일 그가 그저 뉴욕거리에서 돌아다니는 행인이었다면 그의 이미지가 지금 우리가 생각하는 것처럼 매혹적이지는 않을 것이다.

와인도 마찬가지다. 제아무리 고품질 와인이라고 해도 어떻게 설명을 하는지에 따라 가치가 달라지고 와인을 담는 와인 병에 따라서 평가가 변하기 때문이다. 54명의 와인 전문가를 초청해서 와인 테스트를 했는데 첫 번째 와인은 '이 와인은 최고급 와인입니다'라는 설명과 함께 한 눈에 보기에도 무척 고급스러운 병에서 따랐다. 이에 많은 와인 전문가들은 입맛을 마시며 더 후한 점수를 주었다.

반면에 두 번째 와인은 "이 와인은 주변에서 흔히 볼 수 있는 보통 하우스와인입니다"라는 설명과 함께 평범한 와인 병에서 따른 와인은 인상을 쓰며 낮은 점수를 주었다.

사실 이 두 와인은 모두 같은 와인이었다. 보르도대학교 인지 신경과학 연구원이었던 프레데리크 브로셰Frederic Brochet가 1998년에 한 이 실험은 와인 전문가의 능력을 알아보기 위한 실험이 아니다. 이 실험은 '이미지 선입견'이 얼마나 강한지를 검증하는 실험이었다. 다시 말해서 많은 사람들이 처음에 지각한 이미지를 토대로 판단하는 경향이 크다는 것이다.

그래서 많은 명품 브랜드들이 다른 영역으로 사업을 확장해도 자연스럽게 명품 대우를 받는다. 루이뷔통 시계 컬렉션은 도입된 지 20년도 안되었지만 루이뷔통 상표를 달았다는 이유만으로 고객에게 명품 대우를 받는다. 이것은 그동안 쌓아놓은 브랜드 이미지에 대한 신뢰 때문에 이루어진 경쟁력이라고 할 수 있다. 이처럼 기존에 쌓인 이미지가 확고하면 모든 평가에 '후광 효과Halo effect'를 준다고 할 수 있다.

특히 1977년에 사회심리학자인 리처드 니스벳Richard Nisbett이 한 실험을 보면 상대에 대한 태도가 이미지에 얼마나 큰 영향을 미치는지를 알 수 있다.

A라는 강사는 유연한 태도로 학생들과 눈을 맞추고 소통과 경청을 하면서 강의를 하고, B라는 강사는 눈도 맞추지 않고 일방적인 강의를 했다. 강의 후 학생들에게 평가를 하게 했는데, 강사

의 태도가 아니라 그 강사의 언어 구사력이나 외모 그리고 복장 등에 대해서였다. 과연 결과는 어땠을까? A 강사는 긍정적인 평가를 받았지만, B 강사는 부정적인 평가를 받았다.

사실은 A와 B 강사는 동일인물로, 외모, 복장 그리고 어휘구사력까지 모두 동일했다. 그런데 더욱 흥미로운 점이 있었다. 평가를 했던 학생들에게 평가하는데 강사에 대한 호감이 평가항목에 영향을 끼쳤느냐고 질문을 했는데, 모두 '아니다' 라고 답했다는 것이다.

이것은 무엇을 의미할까? 많은 사람들이 자신이 내린 결정이 '인지적 편향' 에 휘둘리고 있다는 사실을 전혀 모른다는 것이다. 혹은 인정하고 싶지 않은 것일 수도 있다.

이처럼 후광 효과는 사람의 이미지에 영향을 많이 미친다. 그래서일까? 고객의 마음을 사로잡아 '판매왕' 이 된 사람들을 보면 그 태도가 무척 정중하고 배려 넘친다.

웃는 얼굴이 매혹적이다

...... '송중기, 송혜교, 전지현, 김수현' 이들의 공통점은 무엇일까? 생각만 해도 입가에 미소를 선물해주는 힘, 바로 좋은 인상

으로 인해 호감력이 높다는 것이다. 보통 잘생겼다, 예쁘다 소리를 듣는 사람들은 어떤 특징을 갖고 있는 걸까? 이들에게는 다음과 같은 공통점이 있다. 남들보다 조금 더 큰 동공, 가지런한 눈썹과 깨끗한 피부 등이다. 하지만 화룡점정은 고른 치아가 활짝 보이는 매혹적인 미소를 디자인할 줄 안다는 점이다.

신기하게도 평균 얼굴이 매혹적이라는 자료가 있다. 많은 사람들의 얼굴을 합성할수록 우리가 매혹적이라고 생각하는 미남미녀들의 얼굴이 나온다고 한다. 10명의 얼굴을 합성했을 때보다 50명의 얼굴을 합성했을 때가, 50명보다 100명을 합성했을 때 더 아름답게 느낀다고 한다.

이는 다양한 얼굴이 합성될수록 이전에 본 듯한 친숙한 요소들이 섞이면서 전반적으로 친숙도가 높은 얼굴이 된다는 것이다. 그러면서 자연스럽게 형태 자체도 대칭적인 모양이 나오기 때문이다. 결국 매력적이라는 것은 주어진 환경에서 생존하기에 유리한 것으로 평균성이라고 말할 수 있다. 그러고 보면 매력인으로 등극할 수 있는 가장 기분 좋은 칭찬은 바로 '어디서 많이 뵌 것 같은데요' 가 아닐까?

그런데 더 신기한 것은 고객에게 호감을 주는 직원들을 보면 이런 느낌을 자주 받는다는 것이다. 아마도 내면의 아름다움이 자연스럽게 외면으로 흘러나오기 때문인 것 같다.

우리는 보통 외모가 매혹적일 때, 출신이나 관심사가 비슷할 때, 상대가 자신을 좋아한다고 느껴질 때, 그리고 상대가 자신과 비슷하다고 느낄 때 상대에게 호감을 느끼며 돕고 싶어한다. 그래서 상대방의 모습을 거울처럼 그대로 비춰주는 미러링^{mirroring} 방식도 대표적인 판매 기술로 활용되고 있는 것이다. 이 미러링은 비단 판매뿐만 아니라 일상에서 상대의 호감을 끌어내는데도 효과적이다. 호감편향을 내 편으로 만들자. 특히 고객들의 호감을 사고 싶다면 말이다.

설문조사 결과 인사담당자 10명 중 9명은 면접 응시자의 이미지가 좋을수록 채용할 확률이 높아진다고 한다. 이 조사결과가 우리에게 별로 놀랍지 않다. 그 이유는 그 회사를 지원한 지원자의 내면적인 성격이나 인성, 그리고 업무적인 실력을 알기에는 면접시간이 부족한 반면, 면접 시 첫인상은 15초 이내에 강하게 느낄 수 있기 때문이다. 또한 우리는 이미지가 좋은 사람이 사회 경쟁력을 높이는 데 도움이 된다고 믿고, 이미지가 좋은 사람은 자기 관리를 잘 하는 사람이라고 믿는 경향이 있다. 고객도 마찬가지인데, 여기에서 중요한 것은 이미지란 이목구비의 잘생기고 못남이 아니라 표정이나 태도, 스타일 등 전체적인 이미지를 의미한다.

그럼 고객에게 좋은 이미지를 주기 위한 핵심 요소인 호감을 주는 표정 연출 전략을 살펴보자.

직원의 웃음은 고객에게 전염된다. '행복해서 웃는 것이 아니라 웃어서 행복해진다'는 윌리엄 제임스의 말처럼 웃음을 내 것으로 만들자. 몸 안의 조깅인 웃음으로 행복을 예약하라.

웃음제조기로 불리는 찰리 채플린은 웃음으로 인생을 180도 바꾼 인물이다. 알코올 중독자 아버지와 정신장애자 어머니를 둔 불우한 환경을 웃음으로 자신을 지켜내고 작품으로 승화를 했다. 뿐만 아니라 많은 사람들에게 감동적인 웃음까지 선사하지 않았나? 그야말로 새까만 불행에서 눈부신 행복을 길어 올린 주인공이다.

뿐만 아니라 웃음을 통해 행복을 얻은 사람도 있었다. 링컨은 "내가 웃지 않았다면 나는 이미 죽었다. 여러분도 웃음이라는 '상비약'을 항상 휴대하고 다녀라"라고 말했다. 9세 때 어머니가 사망을 했고, 첫사랑도 백혈병으로 사망, 의회진출 4번 실패, 세 아들 사망, 아내의 신경 쇠약 등 불행의 연속이었던 링컨은 그러한 슬픈 환경 속에서도 웃음이라는 상비약으로 행복을 끌어내는 데 성공했다.

웃음은 통증을 사라지게 하는 명약이기도 하다. 웃음의 아버지라 불리는 노먼 커즌은 강직성 척추염 환자였다. 목뼈, 허리뼈가 달라붙어 몸이 로봇처럼 굳어버리는 병이다. 하지만 그는 병에 무릎 꿇지 않고 끊임없이 코미디 영화를 시청하면서 웃고 박장대소하고 포복절도했다. 그러면서 그 웃음이 통증을 완화시킨다는 사실을 발견하고 관련 논문을 쓰기도 했다. 웃음을 통해 그 고통 속에서도 10분 웃고 2시간을 편히 잤다고 그는 기록한다.

미러링으로 호감을 어필하라

......호감을 준다는 것은 어디서 본 듯한 친숙한 요소들을 많이 갖고 있다는 의미이기도 한다. 그래서 고객에게 호감을 주는 직원들을 보면 어디서 많이 본 듯한 친근함이 있는 것인데, 특히 미소를 지은 상태에서는 이런 이미지를 더 강하게 그리고 더 자주 받는다는 것을 기억하자. 하지만 명심할 것은 결국 타인에게 비춰지는 이미지는 내 삶의 기준인 서비스 마인드가 외면으로 자연스럽게 흘러나와야 한다는 것이다.

고객에게 호감을 받고 싶다면 먼저 호감이 가는 이미지로 다가가자. 앞에서 언급한 상대방의 모습을 거울처럼 그대로 비춰주는 미러링 방식을 적극적으로 활용해서 자신의 서비스 마인드를 이미지로 최대한 어필하는 전략이 필요하다.

06

경청

말하지 않는 것도 들어라?

폭탄 파트너에게 매혹당한 적이 있는가?

······한 후배가 단체미팅에서 간절히 기도를 했다고 한다. '대머리에 짜리몽땅한 저 폭탄만 파트너 안 되게 해주세요. 그러면 앞으로 착하게 살게요'라고. 그런데 하필이면 그 남자와 파트너가 되었단다. 30분만 어떻게 버티다가 집에 사정이 생겼다고 핑계대고 나가야지 했는데 30분이 3시간이 되는지도 모를 만큼 그 사람과의 대화가 즐거웠다. 그 사람과 1년째 열애중인 후배가 말하기

를 지금은 남자친구가 된 그 남자는 매우 긴 귀와 짧은 혀를 갖고 있다고 자랑한다.

옛말인 '현명한 자는 긴 귀와 짧은 혀를 가지고 있다'는 말을 염두에 두고 한 말이었다.

소통疏通이란 막히지 아니하고 잘 통함 그리고 뜻이 서로 통하여 오해가 없음을 의미한다. 실제로 신뢰감 주는 소통력으로 상대의 마음을 자신의 편으로 만드는 사람과의 대화는 참 즐겁다. 편안한 그들의 얼굴은 하나의 풍경이 되고, 상대를 배려하는 그의 말씨는 한 권의 책이 된다.

'현명한 자는 긴 귀와 짧은 혀를 가지고 있다'는 영국속담처럼, 그들은 자신은 말을 짧게 하고, 상대의 말을 길게 듣는다. 어떤 경우에는 상대의 말이 무슨 다이아몬드라도 되는 것처럼 소중히 수첩에 적는다. 그들은 기록하지 않으면 잊기 때문에 '적자생존'을 믿는 경향이 있다. 즉 적는 사람이 살아남는다는 의미다.

화술이 뛰어난 카사노바는 열띤 토론을 좋아하기도 했지만, 상대의 말을 진지하게 공감해야 할 타이밍에는 눈을 맞추고 몰입하는 경청기술이 뛰어났다고 한다. 상대의 말이 너무 길 때는 카사노바도 속으로는 애국가를 부르며 지루함을 견뎠을 것이라는 지인의 말에 웃었던 기억이 난다.

인천국제공항과 코레일은 왜 특별한가?

...... '그 직원분이 올 때까지 기다릴게요'

이처럼 어디를 가면 꼭 찾게 되는 직원이 있다. 나 같은 경우도 헤어숍은 물론이고 간단한 제품을 살 때도 꼭 찾는 직원이 있다. 그들의 공통점은 바로 경청의 달인이다. 고객이 하는 말을 감성의 촉을 세워 잘 경청하면서 고객의 니즈와 욕구를 파악하려는 노력과 자세가 남다르다.

얼마 전에 KTX 사내 강사 양성 과정을 진행하면서 올해를 기점으로 '고객중심 경영'에 더욱더 박차를 가하려는 열정을 온몸으로 느낄 수 있었다.

동해선 KTX 개통 1주년을 맞이해서 케이크 커팅과 음악회 그리고 '고객 의견 경청 리서치 행사' 등을 하면서 고객의 니즈에 감성의 촉을 최대한 세우려는 노력에 박수를 보내고 싶다. 내가 에버랜드 서비스 아카데미에서 근무할 당시 '고객중심 경영'에 가장 관심을 갖고 교육에 임하고 벤치마킹을 한 곳 중에 하나가 철도청이다.

당시 철도청장을 비롯해서 주요 임직원의 교육을 진행하면서 그들의 몰입과 경청에 깊은 감동을 받았다. 지금은 KTX만의 고객 감동 자체 시스템과 자료를 토대로 잘 구성된 '철도 아카데미'

를 운영하고 있다. 그곳에 오랜만에 가서 고마웠던 분들을 만나니 예전에 꽃다운 나이로 에버랜드 서비스 아카데미 교육과정에 입과했던 분들이 지금은 코레일 서비스를 책임지는 중책에서 눈부신 활약을 하고 계셨다. 참 보람되고 신나는 일이 아닐 수 없다. 특히 이번 사내 강사 양성 과정에 참여한 학습자 중에 경청력과 몰입도가 참 높았던 학습자가 있었다. 우연히 그 학습자가 자신의 블로그를 통해 남긴 교육 후 소감을 접하면서 경청력이 높은 사람은 같은 내용을 접해도 받아들이는 바가 남다름을 새삼 느낄 수 있었다.

3박 4일 코스로 강사 전문교육을 받다

외부 위탁업체인 박영실 서비스파워 아카데미에서 집중적으로 코칭을 받았다. 박영실 대표의 처음부터 끝까지 미소와 함께 사람을 끌어당기는 호소력 있는 목소리가 매력적이었다. 나는 언제 저렇게 파워 있는 강사가 될까? 하는 물음표만 자꾸 내 머릿속에서 맴돌고 있었다. 그저 매 강의시간에 열공하면서 시간 가는 줄 모르고 분위기에 푹 빠졌다. 강사란 첫째, 언어의 유희를 자연스럽게 할 줄 알아야 한다고 생각한다. 언어의 유희를 통해서 유머, 위트가 나오면 그로 인해서 강의가 재미있어질 것이다. 그 예로 김제동, 김창옥 같은 분들이 있다. 언어의 마술사라고 생각된다.

둘째, 자신만의 독특한 목소리를 만들어야 한다고 생각한다. 처음에는 박영실 대표님의 목소리에 푹 빠져 부러워만 했다. 하지만 지금은 나만의 목소리를 만들고 싶은 생각이 든다. 자신만의 뚜렷한 개성 있는 목소리 정말 부럽다. 모방으로 끝나는 것이 아니라 나만의 창조적인 것을 만들어야 영원히 지속될 거라고 생각이 든다.

셋째, 분위기를 만들어라. 분위기는 내가 먼저 다가설 줄 알아야 한다. 그 무기는 바로 미소다. 편안한 미소를 소유하면 상대의 마음을 사로잡을 수 있다. 부드러운 미소와 함께 상대를 배려해주는 마음을 지녀야 한다. 배려는 사람의 닫혀 있는 마음의 자물쇠를 풀 수 있는 열쇠라고 생각된다. 미소와 배려를 통해서 상대의 시선을 끌어당기는 분위기를 만들줄 알아야 진정한 명강사가 될 것이다.

이제 다시 돌아와 내 자리에서 조금씩 준비를 한다. 부족함을 알고 그것을 채울 수 있도록 매사에 조금씩 노력하자.

나 또한 언젠가는 한 사람의 마음이라도 채워줄 수 있는 사람이 되자.

박영실 대표님 열정적인 강의에 마음 깊이 감사드립니다.

항상 건강하시고 행복하세요.

고객의 소리를 경청하는 대표적인 조직으로 '인천국제공항'을 빼놓을 수 없다.

오랫동안 인천국제공항과 인연을 맺으면서 '고객중심 혁신교육'은 물론 CS전문닥터로서 서비스 혁신을 위한 모니터링과 컨설팅을 진행했는데 가장 기쁜 순간은 인천국제공항이 세계 최고 서비스공항으로 인정받았을 때다.

올해 초 세계공항협의체인 국제공항협의회ACI가 발표한 '2015년도 세계공항서비스평가ASQ'에서 인천국제공항이 1위에 올랐다고 밝혔다. 이에 따라 인천국제공항은 지난 2005년부터 11년 연속 세계 최고 서비스 공항의 자리를 차지하게 됐다. 11년 연속 세계 최고 공항상 수상은 세계 1,800여개 공항 중 인천국제공항이 유일하다. 대단한 성과다.

고객만족 중심의 '스마트 공항'으로 변신을 꾀하고 있는 인천국제공항은 '인천공항 가이드' 모바일 앱을 통해 기존에 제공 중인 '입국환영' 서비스를 기반으로 雙方向的 정보 제공기능을 강화하기도 했다.

그렇게 함으로써 출발지별, 항공사별, 입국장별로 도착항공편 검색이 가능할 뿐만 아니라 터치스크린 방식으로 안내판 서비스를 제공한다. 공항을 이용하는 고객입장에서 참 반가운 소식이 아닐 수 없다. 입국하는 가족 · 친지들과 길이 엇갈려 환영 순간을 놓칠 염려가 없어지기 때문이다.

또한 자동 탑승수속전용구역이 신설되면서 여행객들은 2가지 자동화 서비스를 한 곳에서 편리하게 이용할 수 있게 되었다. 출국을 위해 소요되는 시간도 이 시스템으로 인해서 기존 이용시간보다 10분 이상 단축되니 효율적이다.

뿐만 아니라 면세점이 24시간 운영되면서 '밤을 잊은 공항'으로 변신중이다. 특히 2020년까지 세계 5대 국제여객공항, 세계 10대 환승공항이 되겠다는 목표와 함께, 주차시설을 1.7배 수준으로 늘리면서 출국심사 소요 시간도 40분 이내로 줄이는 등 고객의 감성을 사로잡을 채비를 단단히 하고 있다.

페라가모를 명품으로 만든 경청의 힘

……페라가모는 어떻게 까다롭기로 유명한 할리우드 여배우들을 단골고객으로 만들었을까? 바로 '경청'의 힘이다. 경청傾聽의 사전적 의미는 '귀를 기울여 들음'이다.

영화 〈로마의 휴일〉의 오드리 헵번은 페라가모 구두의 열성 팬이었다. 발레리나가 꿈이었던 그녀는 구두 취향이 특별했다. 편안하면서도 가볍고 굽이 낮은 구두를 선호했다고 한다. 그녀의 니즈에 몰입해서 경청한 업주인 살바토레 페라가모(1889~1960)는 미국에 있을 때 그녀의 감성을 사로잡은 굽이 낮고 얇은 레이스가 달린 슬리퍼를 만드는데 성공했다. 섹시 심벌로 통하는 마릴린 먼로 또한 페라가모의 단골이었다. 오드리 헵번에 비해 키가 아담하고 섹시함을 어필하기를 원했던 그녀는 페디큐어와 가녀리고 흰 발목이 돋보이는 샌들을 선호했고, 이 니즈를 잘 경청한 페라가모는 그녀에게 딱 어울리는 샌들을 제작하는데 역시 성공한다. 대표적으로 마릴린 먼로의 스커트가 지하철 통풍구 바람에 들려 올라가는 영화 〈7년 만의 외출〉의 그 유명한 장면에서 먼로의 글래머러스한 몸을 지탱한 샌들이 바로 살바토레가 그녀의 니즈를 잘 경청해서 만든 것이었다.

비비언 리나 소피아 로렌, 영국의 윈저공 부부 또한 구두 장인

살바토레 페라가모의 고객이었다. 인기와 지위를 갖고 있는 이들
도 대부분은 구두를 맞추기 위해 페라가모 본사가 있는 이탈리아
의 피렌체까지 직접 찾아왔다고 하니 대단하지 않을 수 없었다.
좋은 재료와 장인의 손재주만으로 까다로운 이들의 감성을 사로
잡을 수 있었을까? 절대 그렇지 않다. 그들의 니즈를 정확하게
파악하는 능력이 없었다면 불가능했을 것이다.

그렇다면 경청의 달인들이 잘 쓰는 아주 기본적인 2단계 비결
을 들여다보자.

1단계는 상대의 제스처와 말투 등을 세심하게 보면서 상대의
니즈를 파악하는 것이다.

만약 상대가 아주 천천히, 그리고 나직이 말하면서 박수를 친
다면 당신도 천천히, 그리고 나직이 이야기하며 이따금 박수를
쳐주는 것이다. 그러면 상대는 공통점을 발견하고 호감을 느끼
며, 이로써 호감의 문이 열릴 확률이 한 뼘 더 커지는 것이다. 특
히 고객의 나이가 많아 귀나 눈이 어두우면 더더욱 상대 고객층
의 제스처와 속도에 맞추어보자.

2단계는 상대가 말하지 않은 니즈를 알 수 있는 적절한 질문을
적당한 타이밍에 하는 것이다.

전시장을 둘러본 고객에게 '잘 둘러보셨습니까?' 라고 하면
'예' 또는 '아니요' 로 단답형의 대답이 돌아올 확률이 높다. 하지

만 '마음에 드는 차량이 있으셨습니까?' 라고 질문하면 대화에 탄력이 붙으면서 고객의 니즈와 욕구를 조금 더 직접적으로 들을 수 있는 통로가 생긴다.

이처럼 경청을 통한 질문은 참 중요하다. 예를 들어보자. 맛도 가격도 시설도 비슷한 순두부찌개를 파는 A와 B 2곳의 식당이 있었다. 하지만 늘 A의 매출이 높았다. 고객과의 대화를 분석한 결과 질문법의 차이가 매출의 차이였다.

B 가게는 고객이 두리번거리면서 '계란 있어요?' 라고 물었을 때 '네! 여기요!' 하면서 계란을 가져다준다. A 가게는 고객이 두리번거리는 것을 보면서 '신선한 계란을 하나 넣을까요? 2개 넣을까요?' 라며 계란을 제공한다.

결국 진정한 경청이란 고객이 하는 행동과 눈빛으로 하는 말도 들으려고 몰입하는 것이다. 주변에서도 상대를 배려하는 사람들은 경청의 달인인 경우가 많다.

경청력이 뛰어난 지인이 내게 이런 말을 해주었다. 사람의 귀는 외이外耳, 중이中耳, 내이內耳의 세 부분으로 이루어져 있다. 이렇게 귀가 세 부분으로 이루어졌듯이, 남의 말을 들을 때에도 귀가 3개인양 들어야 한다.

자고로 상대방이 '말하는' 바를 귀담아 듣고 '무슨 말을 하지 않는' 지를 신중히 가려내며, '말하고자 하나 차마 말로 옮기지 못하는' 바가 무엇인지도 귀로 가려내야 한다는 뜻이다. 결국은 상대방의 마음을 유혹하는 소통의 달인들이 갖고 있는 공통점. 그것은 바로 상대방의 머릿속에 마음속에 들어가 상대방의 입장을 제대로 이해하는 공감능력이다.

"쥐를 잡으려면 쥐의 머릿속에 들어가 쥐처럼 생각할 수 있어야 한다"고 한 영화 〈마우스 헌트〉의 대사처럼 상대의 마음을 훔치려면 상대의 가슴속에 들어가 상대처럼 생각을 할 수 있어야 하는 것이 아닐까? 카사노바가 여심을 사로잡을 수 있었던 것도 바로 이런 기술 때문이 아니었을까 싶다. 고객을 대하는 입장에서는 카사노바의 이런 소통력이 참 부럽다.

경청 기술을 디자인하라

……소통력이 좋은 사람은 우선 칭찬한 사람의 입장을 배려해서 칭찬받은 것 자체에 대해서 감사할 줄 안다. 겸손함을 잊지 않으면서도 인상이 좋다는 내 칭찬에 수줍은 듯 미소 지으면서 고마워하던 지인의 말이 지금도 기억에 남는다. '그렇게 봐주셔서 고맙습니다. 인상이 좋다는 말을 자주 듣는 편은 아니지만, 제가 좋아하는 분을 뵈면 저도 모르게 인상이 밝아지나 봅니다' 이 말을 듣고,

칭찬하기를 참 잘했다는 생각이 들었다. 그리고 그 지인이 한 뼘 더 친근하게 느껴졌다. 이렇듯 소통의 달인은 말 한마디로 마음의 간격을 줄이는 기술이 뛰어나다.

'겸손은 속옷과 같으므로, 입기는 입되 남에게 보이게는 입지 말라' 는 말처럼 멋스러운 겸손이어서, 상대를 부담스럽게 하지 않는다. 너무 지나친 겸손은 상대를 무안하게 하기도 한다. 예를 들어서 인상이 좋다고 칭찬한 상대에게 '아이고. 아니에요. 무슨 말씀을요. 제 인상은 좋은 편이 아니에요' 라고 하면 칭찬한 입장 에선 여간 머쓱한 것이 아니다.

여심뿐만이 아니라 고객의 마음을 사로잡고 싶다면 책이 주는 무한매력을 탐닉하면서 공감적인 경청기술의 소중함을 실천한 '소통의 카사노바' 가 되어 보는 것은 어떨까 생각해본다.

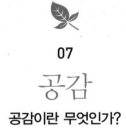

07
공감
공감이란 무엇인가?

어떻게 공감할 것인가?

…… 남자친구에게 전화를 걸었다. 약간 콜록콜록 거리면서 '왜 이렇게 기침이 나오지?' 라고 했을 때 어떤 반응이 있을까?

여러 반응이 있겠지만 크게 3가지 중에 하나일 것이다.

- 그러니까 짧게 입고 다니지 말랬지.
- 그래? 감기약 좀 사갖고 갈까?

• 그래서 나더러 뭘 어쩌라고?

상대는 어떻게 반응할 것 같은가? 또 상대가 어떻게 반응하면 좋겠는가? 혹은 지금까지 한 번도 받아보지 못했지만 한번쯤 받아보고 싶은 반응이 있다면 무엇인가?

나는 함께 있으면 편한 사람이 좋다. 함께 있을 때 말이 중간에 끊겨도 별로 어색하지 않은 관계는 말로 굳이 하지 않아도 되는 '감정의 공감'이 형성되었다고 할 수 있다.

공감해야 상생한다

...... '공감 및 소통의 부재'로 강성노조가 생긴 델타항공에 CEO 리처드 앤더슨이 취임해 직면한 것은 불신과 대립의 문화 때문에 어떤 변화도 일어나기 쉽지 않을 거라는 회의적인 시각이었다.

이때 앤더슨이 취한 선택은 '공감'을 통해 각종 경영 체계와 제도에 빠르게 변화를 주고 이를 통해 산출된 성과에 대해 충분하고 가시적인 보상을 줬다. 그 결과 앤더슨 취임 2년 만에 직원은 스스로 투표를 통해 노조를 없앴고 경영진과 직원 간 협력문화가 자연스레 형성됐다.

델타항공이 '공감, 소통 경영'에 실패한 결정적인 계기는 임원들이 보고서를 무시했기 때문이다. 2001년 9·11 사태 이후 고객중심 경영과 함께 재도약을 꾀하기 위해 수십만 달러를 들여 여행객을 대상으로 설문조사를 했다. 그러나 델타의 임원들은 분석팀의 보고서를 받아들이지 않았다. 이유는 간단했다. 늘 일등석을 타고 다니는 그들에게는 일반석 고객이 경험하는 불편이나 불만이 전혀 '공감'되지 않았기 때문이다. 델타의 임원이 비행기를 탈 경우 회사 앞에 대기시켜놓은 차를 타고 활주로를 가로질러 탑승구 앞까지 가니 그들은 출발선부터 고객과의 '공감'에 실패한 셈이다.

EoM 경영컨설팅의 ABCDE 항목 중 마지막에 있는 '비유공감경영Empathy By Metaphor'는 소통을 통한 공감을 얻어내는 경영의 성과를 창출하기 위해 비유는 소통과 공감의 거리를 줄이는 축지법 같은 존재라고 설명한다. EoM 경영컨설팅 중 '비유공감경영'의 예를 들면, 삼성의 이건희 회장은 삼성전자 무선전화 사업부의 불량률이 줄지 않자 극단적인 수단으로 '불량품 화형식'을 단행한다. 1년 뒤 시장 점유율이 19%를 달성하며 1위에 올랐다. 이런 비유를 통한 공감경영은 직원들에게 보다 선명하고 신속하게 철학과 비전을 공유할 때 유용하다.

많은 여성고객들은 건강과 몸매유지에 관심이 많다. 그리고 가까운 곳을 나들이할 때도 부담 없이 입고 다닐 수 있는 운동복을 원하고 있었다. 이러한 고객의 말에 가장 빨리 경청하고 '공감' 하면서 성공을 이끈 기업이 있다. 바로 '룰루레몬' 이다. 캐나다를 대표하는 프리미엄 스포츠웨어 브랜드인 룰루레몬코리아가 아시아 최초의 플래그십 스토어를 서울 강남구 청담동에 오픈하기도 했다.

집에서 1마일 정도 거리 내에서 편하게 입을 수 있는 요가복이자 평상복이라는 '1마일 웨어' 로 인식시키며 할리우드 배우들을 중심으로 인기몰이를 하면서 여성고객의 공감을 사로잡았다.

여행용 캐리어에서도 고객의 소리를 경청해서 공감에 성공한 사례가 있다. 이탈리아의 '론카토우노' 다. 적지 않은 고객들이 계단을 오르내릴 때나 자동차 트렁크에 실을 때, 2명이 함께 들 수 있도록 손잡이가 여러 개면 좋겠다고 불만을 토로하자 바로 실행에 옮긴 기업이다. 이 기업은 고객에게 공감하면서 혁신적 디자인을 내놓았다. BMW, 폭스바겐 등을 디자인한 '람베르토 안젤리니' 가 참여해서 차별화된 일러스트레이션을 삽입하고 레드, 핑크 등 12가지의 컬러를 활용하면서 캐리어의 패러다임을 한 차원 업그레이드시켰다.

2000년 프랑스 진출 당시 무명 브랜드에 불과했던 이 브랜드는 합리적인 가격으로 스타일리쉬하면서도 이동하기 편리한 제품을 원하는 고객의 니즈를 경청하고 '공감' 실행하면서 중저가 매스마켓^{Mass Market}을 공략하는 데 성공했다.

눈맞춤으로 공감을 표현하라

......고객의 공감을 사야 혁신제품이 나오듯 고객의 공감을 이끌어낼 수 있는 직원이라야 그 혁신제품에 날개를 달아줄 수 있다. 그렇다면 고객의 감성을 사로잡는 매혹적인 공감 테크닉에는 어떤 것들이 있을까?

매력적인 얼굴일수록 눈맞춤의 공감 효과는 파격적이라고 한다. 하지만 그리 매력적인 얼굴이 아니라도 너무 좌절하지는 말자.

눈이 마주칠 때 상대방이 매력적인 얼굴일수록 뇌의 보상기능이 크게 활동한다는 사실이 밝혀졌기 때문이다. 영국 런던대학 인식신경과학 연구소의 커누트 켐프 박사는 영국의 주간 과학전문지 〈네이처〉에 발표한 연구보고서에 눈이 마주칠 때 뇌의 보상센터인 복측 선조체의 활동이 활발해지며 상대방이 매력적인 얼굴일수록 활동 강도가 높아졌다고 실험결과를 밝혔다.

켐프 박사는 그러나 매력적인 얼굴이라도 시선이 마주치지 않고 다른 곳을 보고 있으면 복측 선조체에는 반응이 나타나지 않았다고 밝혔다. 캠프 박사는 남녀 8명에게 정면으로 바라보고 있거나 시선이 옆으로 향하고 있는 40명의 낯선 얼굴 사진을 보여주면서 기능성 자기공명영상장치로 뇌 여러 부위의 혈류량을 측정했다. 그리고 나서 각자에게 사진 속의 얼굴에 대해 매력 점수를 매기도록 했다.

그 결과 자신을 정면으로 바라보는 얼굴을 만났을 때는 그 얼굴이 동성이든 이성이든 상관없이 보상이나 즐거움을 나타내는 뇌 부위인 복측 선조체의 활동이 증가하고 상대방 얼굴이 매력적일 때는 활동의 강도도 더욱더 높아지는 것으로 나타났다. 그러나 매력적인 얼굴이라도 시선이 옆을 향하고 있으면 복측 선조체는 아무런 반응이 나타나지 않았다. 이는 상대방이 자기에게 관심이 없다는 데 실망했기 때문으로 생각된다고 캠프 박사는 말했다.

공감empathy란 다른 사람의 심리적 상태를 그 사람의 입장이 되어 느끼는 것으로 지각하는 방식. 문자적인 의미로는 다른 사람에게 '감정을 이입한다feeling into' 는 뜻이다. 이 말은 동감sympathy과도 비교될 수 있는데, 동감은 '함께 느낀다feeling with' 는 뜻이다. 공감이라는 말의 기원은 19세기 미학과 심리학에서 발견할 수 있다. 당시에 공감은 대상을 알고 이해하기 위한 방법으로 동작을 따라하고 나서 관찰자가 자신의 운동 감각으로부터 어떤 내용을 추론하는 것을 의미했다.

결국, 고객의 공감을 얻기 위해서는 다음과 같은 단계가 필요하다.

1단계는 고객과 시선을 맞추는 것이다.

병원이나 의사의 명성에 이끌려 내원한 환자가 다른 이유로 병원을 찾은 환자에 비해 진료 관련 서비스에 3.2배나 더 많은 불만을 호소하는 것으로 나타났다. 또 이 같은 불만은 곧바로 재구매 거부로 이어질 수 있는 만큼 병원 측의 관심과 적극적인 대처가 필요하다.

한 논문에서 서울 시내 3개 종합병원 불만상담창구를 찾은 환자 또는 보호자를 직접 면접한 결과, 서비스 만족이란 고객의 기대와 불가분의 관계다. 의사의 명성을 듣고 기대가 커졌는데 보통의 진료를 받는다면 만족할 수가 없는 것이다.

심신이 지칠 대로 지친 환자와 보호자에게 따뜻한 눈빛과 힘이 되는 말 한마디로도 충분한 치료가 될 수 있다는 것을 많은 의사들은 모르고 있는 것 같다. 몰라서 못한다면 알려주면 된다. 그런데 알면서도 안 한다면 그건 정말 큰 문제가 아닐 수 없다.

2단계는 고객 유형에 따라 달라지는 매혹적인 플러스 공감 멘트를 하는 것이다.

불평 전화상담에서 고객과 통화하면서 마지막 멘트를 어떻게 맞춰 하느냐가 서비스 성패의 관건이다.

- 성격이 급한 고객에게는 "신속하게 처리해드리겠습니다."
- 활발한 성격의 고객에게는 "좋은 의견을 주셔서 고맙습니다."
- 소극적인 고객에게는 "최선을 다해서 노력하겠습니다."
- 꼼꼼한 고객에게는 "정확하게 처리해드리겠습니다."라고 하는 것이 바람직하다.

훈계보다는 어깨를 빌려줘라

......동료나 상사의 흉을 보는 여자친구에게 '네가 그런 식으로 하니까 그렇지!' 라고 훈계하는 남자친구에게 매력을 느끼는 여자친구는 없다. 왜냐하면 여자친구는 토닥여주며 공감해주는 남자친구가 필요하기 때문이다.

고객도 마찬가지다. 고객에게 여러 가지 다양한 혜택이나 활용법 등을 신속하고 정확하게 알려주는 직원에게도 믿음이 가지만 고객의 작은 불만까지도 눈으로 귀로 그리고 마음으로 경청하면서 진심을 다해 공감해주는 직원에게 매혹당한다. 당신의 공감력은 어느 정도인가? 궁금하다면 지금까지 당신이 친구들과 주고받은 카톡 문자를 보면 어느 정도 짐작이 될 것이다.

제3장

고객과
연애하기

08

데이트 전략 짜기

창의적인 서비스 프로세스로 고객참여를 유도하는가?

자연스럽게 참여시켜라

......주말을 끼고 설악산에 간 적이 있다. 몇 년 전 겨울 어찌어찌하다가 대청봉까지 올랐던 감동을 더듬으면서 겨울과는 사뭇 다른 봄 산을 만끽했다. 땀을 흘리며 산을 오르던 중 뒤에서 앙칼진 여성의 소리가 들렸다. "내가 구두를 신은 걸 보고도 꼭 이런 데를 올라와야겠어? 도대체 생각이 있는 거야? 없는 거야?" 이 말을 들으니 갑자기 함께 온 남성이 궁금해졌다.

도대체 뭐라고 꼬셨기에 구두 신은 여성을 여기까지 데리고 올 수 있었을까? 나름 능력이긴 한데 옳지 않은 판단이다. 남성의 어떤 말에 홀려서 여성이 여기까지 왔는지는 모르겠지만 너무 위험한데다 분명 마지막에 좋은 소리를 들을 리가 없다. 설악산을 오를 생각이었으면 미리 언지를 줘서 산에 오를 준비를 하게 했어야 했다. 자신이 좋다고 상대도 좋아할 것이고 생각한다면 오산이다.

매번 준비 하나 없이 대뜸 "오늘 어디 갈까?" "오늘 뭐할까?" 하는 남자는 매혹적이지 않다. "지난번에 내가 오늘은 편한 신발 신고 오라고 한 건 오늘은 좀 걸을 거거든."이라고 하든가 아니면 "어떤 게 더 좋은지 선택해봐! 산에 오르는 거, 강에서 배타는 것 중에!"라고 하는 센스 있는 남자, 전략적인 남자를 여자들은 좋아한다.

고객 서비스도 데이트 전략을 세우는 것과 마찬가지다. 창의적인 서비스 프로세스를 디자인하고 고객참여를 유도하면서 고객을 매혹하는 것이 핵심이다. 맥도날드의 서비스 시스템은 주문부터 나갈 때까지 과학적으로 설계되어 있다. 고객이 자신의 테이블을 스스로 정리하고 트레이나 쓰레기를 버리면서 맥도날드가 자신에게 돈도 안 주면서 부려먹는다고 생각하지는 않는다. 바로 '셀프서비스'라는 개념을 명확하고 고객의 동선 프로세스를 과학적으로 잘 디자인했기 때문이다.

물리적·시스템적·인적 서비스를 갖췄는가?

...... 맥도날드는 고객이 합리적인 가격에 세계 어디에서나 같은 맛을 빠르게 먹을 수 있는 서비스 프로세스를 디자인했다. 감자는 즉석 튀김이 가능하도록 냉동 상태로 전 세계 매장에 배달된다. 감자튀김은 서비스카운터 근처에 설치된 넓고 평평한 쟁반으로 옮겨진다. 이렇게 봉지 대신 평평한 쟁반을 사용하는 것은 봉지에 곧바로 담다가 떨어지는 감자도 줄이고 바닥이 더러워지는 것을 예방하기 위해서다. 손잡이가 달린 깔때기 모양의 도구로 감자튀김을 항상 동일하게 담아 고객에게 제공한다. 이와 같은 시스템과 프로세스를 통해서 직원들은 감자의 양을 자연스럽게 통제하면서 신속하고 효율적으로 서비스를 제공할 수 있도록 해주는 것, 이것이 바로 창의적인 프로세스의 힘이다.

프로세스의 차별화를 위해서는 3가지가 모두 충족되어야 한다.

첫 번째는 물리적 서비스 차별화다. 건물, 시설, 인테리어, 음식과 같은 물리적 서비스로 예를 들면 타 호텔과의 물리적 차별을 두기 위해 유명 디자이너의 최고급 침대나 작품 등을 이용하는 것이 이에 해당된다.

두 번째는 시스템적 서비스 차별화로 기업 이미지인 CI Corporate Identity나 광고, 홍보 전략으로 브랜드 마케팅 등이다. 아디다스,

아마존, 벤츠하면 무엇이 먼저 생각나는가? 모두 말이 필요 없는 세계적인 브랜드들이다.

가파른 산을 표현하면서 도전과 성취정신을 표현하는 아디다스, a부터 z까지 유통, 판매를 하면서 고객에게 미소를 전해준다는 의미의 아마존, 육지, 바다, 하늘을 모두 제패하겠다는 의미의 벤츠 등의 로고가 너무나 자연스럽게 우리 머릿속에 떠오르지 않는가! 이것이 바로 브랜드 이미지의 힘이다.

맥도날드하면 가장 먼저 생각나는 것이 무엇인가? 바로 황금색 아치형 M자다. 이것이 바로 시스템적 서비스의 대표적인 예다.

마지막 세 번째는 바로 내가 가장 강조하고 싶은 인적 서비스 차별화다. 내가 근무했던 삼성에버랜드에서 이동식 간이 화장실에 고객이 빠뜨린 반지를 찾아준 '감동사건'은 서비스업계의 전설처럼 오르내리는 실제 '차별화 인적 서비스'인 셈이다. 즉, 인적 서비스는 고객접점직원이 고객에게 행하는 행위를 고객이 체감하는 것이라고 할 수 있다.

이 인적 서비스는 고객이 지불하는 금액과 매우 밀접한 관계가 있다. 동네 떡볶이 집에서 포크를 떨어뜨렸을 때 주인이 새 포크를 알아서 주겠지 하는 표정을 하면 주인장이 쏘아보는 눈초리가 따가울 거다. 하지만 특급 호텔을 갔을 경우는 이야기가 달라진다. 차별화된 인적 서비스는 물리적, 시스템적 서비스 차별화가 모두 완벽하게 갖추어졌을 때 최고의 시너지를 낼 수 있다. 그런데 많은 기업들이 기본적인 시스템을 갖추지 않은 상태에서 인적 서비스 차별화를 무리하게 기대하는 경우가 있다. 물론 비슷한 시스템에서도 유난히 뛰어난 서비스 능력을 발휘하는 인재가 있기 마련이다. 하지만 그런 우수한 인재를 더 많이 확보하고 싶다면 전체적인 시스템 서비스 점검은 필수다.

예를 들어서 회전문이 고장 난 매장에 들어선 고객이 안내데스크에 있는 직원에게 짜증을 낸다면, 안내데스크 직원에게 서비스 잘하라고 하기 전에 회전문부터 고쳐야 한다. 그런데도 고객의 짜증이 줄지 않는다면 그 이유를 분석하고, 안내데스크 직원의 불친절한 태도가 문제라면 그 이유를 또한 모니터링해야 한다. 원인을 파악한 다음 맞춤 교육이 병행되어야 한다.

고객 스스로 참여하는가?

...... '갈색병'으로도 유명한 에스티로더는 여심을 사로잡는 매혹적인 프로세스를 업계 최초로 도입한 것으로 유명하다. 바로 '무료 샘플증정 행사'다. 샘플 증정은 고객이 자발적으로 에스티로더의 홍보맨 역할까지 하게 만드는 신선한 프로세스다. 이것을

도입한 창립자 에스티 로더 여사는 맨 처음에는 뉴욕의 미용실을 찾아다니면서 무료화장도 실시했다.

'갈색병'이라는 대표 제품을 통해서 물리적 서비스인 에스티 로더의 제품력은 사교계의 여성들에게 입소문을 탔다. '우리가 만나는 모든 이에게 최상의 것을Bringing the best to everyone we touch'이 라는 시스템적 서비스 차별화인 '브랜드 이미지' 전략까지 성공 한 에스티로더가 1946년부터 지금까지 20개의 브랜드를 가진 ELCA그룹으로 승승장구할 수 있었던 것은 바로 인적 서비스 차 별화까지도 톱니바퀴가 맞물린 것처럼 잘 돌아가기 때문이다. 프 랑스 갤러리 라파에트 입구에 일부러 향수 '유스 듀Youth-Dew'의 향기를 뿌려놓음으로써 갤러리의 고급스러운 이미지와 자사의 향수를 자연스럽게 연상하게끔 한 고급 전략은 지금 많은 업체에 서 재연하고 있다.

에스티로더가 여성고객을 매혹했다면 남성고객을 서비스 프 로세스에 매혹적으로 참여시킨 브랜드는 무엇이 있을까? 보는 것만으로 가슴이 쿵쾅쿵쾅 두근거리게 하는 남성의 로망하면 가 장 먼저 떠오르는 것은 무엇인가? 바로 할리데이비슨이다. 검은 선글라스에 두건을 쓰고 도로 위를 멋있게 달리는 그룹을 본 적 이 있을 텐데 이들이 바로 할리데이비슨을 타는 사람들의 모임이 라는 의미의 호그Harley Davidson Owners Group(약칭 H.O.G.)다.

호그는 할리데이비슨이 재정난에 빠졌을 때 할리데이비슨을 다시 일으켜 세운 일등공신이기도 하다. 13인의 임원들은 자신들과 뜻을 함께 할 충성도 높은 고객 약 3만 명을 모아 1983년에 호그를 결성했다. 호그가 무언가를 바꿀 수 있으리라고 누구도 생각하지 못했다. 왜냐하면 그들은 어떤 영리나 목적을 위해서가 아니라 단지 할리데이비슨을 '좋아해서' 모인 것뿐이었기 때문이다.

호그는 할리데이비슨의 돈 한 푼 받지 않는 자발적인 영업사원이자 전도사 노릇을 톡톡히 하면서 자신이 느낀 즐거움을 주변에 전파했다. 결국, 고객의 감성을 매혹적으로 프로세스에 참여시킨 할리데이비슨의 전략이 결실을 맺은 셈이다.

서비스 프로세스는 곱의 법칙이다

......고객에게 서비스가 전달되는 절차나 흐름을 말하는 서비스 프로세스는 물리적, 시스템적 그리고 인적 서비스로 구분될 수 있다. 이 3가지는 곱의 법칙과도 같아서 이 모든 프로세스가 잘 맞물려 있어야 시너지를 낼 수 있다. 또한 이 서비스 프로세스를 직원이 전체적으로 이해하는 것은 무엇보다 중요하다. 물리적,

시스템적 서비스가 잘 구비되어 있으면 직원들의 잠재된 인적 서비스를 최대한 발휘할 수 있다. 결국 물리적, 시스템적, 인적 서비스 3개가 서로 톱니바퀴처럼 잘 맞아서 돌아가야 고객만족으로 나타난다는 사실을 기억할 필요가 있다.

09

이상형과의 첫 데이트

MOT를 관리하는가?

이상형과 이상한 형을 구분하는 15초

……드디어 이상형과의 첫 데이트! 설레는 마음으로 어제 다려놓은 옷을 입고 아껴두었던 향수도 팍팍 뿌렸다. 드디어 만나기로 한 약속시간이 다되었다. 그런데 이상하다. 안 온다. 늦는다는 문자 한 통 없이 10분 정도 지났을 때 허겁지겁 땀을 비질비질 흘리면서 헐레벌떡 들어오는 모습에 첫 만남부터 뭔가 어긋나는 느낌이다.

수수하고 꾸밈없는 모습이 좋아서 만나기로 한 건데, 너무 진하게 뿌린 향수 때문에 커피 향을 느끼지도 못하겠다. 거기에 브랜드 로고가 손바닥만 하게 박힌 셔츠를 입은 모습이 허영기가 있어 보인다. 만난 지 몇 분밖에 안되었지만 이 사람은 내 이상형이 아니라 그냥 이상한 형이라는 느낌이 온다.

관계가 형성되는 첫 15초

...... 집에서 가볍게 입기에 부담 없는 가격과 구김 없는 옷을 고르고 있는데, 레이스가 주렁주렁 달려 부담백배인 드레스를 최신 트렌드라며 열정적으로 소개하는 직원의 소리는 듣기 싫은 소음이 된다. 거기에 가격까지 터무니없이 비싸다면 그 가게를 빨리 벗어나고 싶어진다.

이상형인지 아닌지 아는데 걸리는 시간이 짧은 것처럼, 고객이 서비스를 느끼는데 걸리는 시간은 15초에 불과하다. 마법의 이 시간을 전문용어로 'Moment of Truth(이하 MOT)'라고 한다. MOT는 본래 투우에서 사용하던 용어로, 마지막에 칼을 꽂아 소의 숨통을 끊는 순간을 나타낸다. 제대로 한 번에 꽂아 넣으면 소를 죽일 수 있지만 실수해서 제대로 숨을 끊지 못한다면 다음 순간 투우사가 죽는다. 마치 생사의 갈림길처럼 매우 결정적인 시간이라는 것이다. 즉 고객의 감성을 사로잡는 데 있어서 MOT는 그야말로 '마법의 시간'이라고 할 수 있다.

특히 요즘에는 처음 물건을 사러 가기 전에 이미 구매를 결정하는 단계, 'Zero Moment of Truth(이하 ZMOT)'까지 포함된다. 지금은 인터넷을 통해 고객이 어떤 제품이든 서비스든 모든 정보를 접하고 서로 비교할 수 있다. 그리고 이 정보를 얻는 과정에서 대부분의 구매 의사 결정이 일어나고 실제 오프라인에서 확인했을 때도 크게 다르지 않으면 구매로 자연스럽게 연결된다. 그렇기 때문에 '15초의 마법의 시간'은 시대의 변화속도에 맞춰 훨씬 짧게 단축된다.

더군다나 요즘처럼 SNS가 발달한 시대에는 고객과 직접 만나지 않은 상태에서의 MOT 관리는 더욱 중요하다. CDJ Customer Decision Journey, 고객의 구매 결정라고 부르는 고객의 구매 패턴을 보면 MOT의 중요성은 아무리 강조해도 지나치지 않다. 고객은 단순하게 구매 의사를 결정하고 끝나는 게 아니라, 정보 탐색에서 구매 결정까지 반복되는 순환 구조를 가지기 때문이다.

유일한 기능이나 맛을 담보하는 차별화된 '그 무엇'이라면 그 자체로 고객을 사로잡을 수 있다. 하지만 알 리스와 잭 트라우트가 포지셔닝 이론의 배경으로 등가 제품화를 지목한 것이 벌써

45년이 훌쩍 넘었다.

결국 당시에는 차별화된 제품도 시간이 흐름에 따라 경쟁사 등장으로 비슷한 제품이 출시되는 현상이 반복됨으로써 제품 자체의 차이는 점점 줄어들었다. 대신 고객의 감성을 사로잡는 것에 차이를 선보이는 곳이 점점 늘어나게 되었다.

물가가 비싼 강남에서 그나마 맛있는 점심을 2명이 기분 좋게 먹으려면 최소한 5만 원은 든다. 그런데 얼마 전에 '유레카'를 외칠만한 곳을 발견했다. 김치찌개집인데 맛은 물론이고 친절하기까지 한 것이 아닌가! 첫 번째 MOT는 그 음식점에서 나오는 손님들의 표정이었다. 2명의 손님이 만족스러운 표정으로 나오면서 '진짜 맛있지?' 하면서 동시에 말한다. 얼마나 맛있길래 엄지까지 척하고 올리면서 말하는지 궁금해져서 친구와 들어갔다. 오후 3시로 보통 가로수길 음식점들이 '브레이크 타임'을 갖는 그 시간에 그 음식점은 손님으로 가득했다. 그런데 테이블 가장자리에 붙은 화투를 보니 웃음이 터졌다. 함께 간 친구가 말하기를 그렇게 화투로 표시하는 곳이 꽤 있다며 화투를 잘 모르는 내게 우리 테이블에 붙은 화투는 바로 '구땡'이라고 말해준다.

주문을 신속하게 받고 음식을 갖다 주는 직원의 손놀림이 무척 정중하고 가벼운데다 '맛있게 드세요'라는 말씨가 참 싹싹하다. 기대보다 맛있는 얼큰한 김치찌개와 잘 양념된 황태구이를 맛있게 먹고 있는데 직원이 슬며시 다가와 묻는다. '계란말이 더 드릴까요?' 미안해서 말 못하고 있었는데 고마운 배려다. 부담 없는 가격 때문인지 친구와 서로 돈을 내겠다며 벌인 기분 좋은 실랑이도 기억에 남는다.

결국 손이 빠른 친구에게 얻어먹고 나는 2차로 커피를 샀다. 세상에 커피값 내기가 그렇게 아까웠던 적은 지금껏 없었다. 너무 이상한 맛이었다. 생전 처음 맛보는 그리고 다시는 맛보고 싶지 않은 미지근한 커피. 커피가 이렇게 맛이 없을 수도 있구나 싶었다. 더구나 싸늘한 표정으로 커피를 성의 없이 툭 밀어주는 직원 때문에 맛없는 최악의 커피를 경험하게 되었다. 그 커피숍과의 첫 번째 MOT는 그 직원의 싸늘한 표정 때문에 시작부터가 '새드앤딩'을 예고했다.

진실의 순간MOT은 고객과의 접점에서 발생하는 짧은 순간을 의미한다. 1980년 스칸디나비아항공SAS 사장인 얀 칼슨Yan Karlson이 회사 경영에 처음 도입해 성공한 개념이다. 이후 MOT는 고객과의 접점에 있는 직원의 서비스가 얼마나 중요한가를 의미하는 말로 쓰이게 됐다. 게다가 그런 순간은 매우 짧아서 7초 혹은 길어야 15초 남짓이라고 한다. 얀 칼슨은 15초 안에 고객의 마음을 사로잡으려고 노력해 적자에 시달리던 스칸디나비아항공을 흑자로 전환시킨 것으로 알려졌다.

고객의 MOT는 짧아지고 있다

...... 이상형과의 첫 데이트에서 15초에 불과한 MOT를 내 편으로 만들려면 전략이 필요하다. 첫 데이트 약속을 잡기 위한 전화부터 약속장소에 나타나는 순간 환하게 짓는 미소 그리고 옷차림에 메뉴를 주문하는 태도… 어디 그뿐인가? 데이트를 마치고 헤어질 때 인사하는 태도와 다음 데이트 약속을 잡기 위한 전화 등 그 매순간이 진실의 순간인 MOT다. 이런 MOT의 순간순간이 모여서 감성의 흐름을 내 편으로 만들기도 하고 멀어지게도 한다.

MOT를 제대로 이용하고 활용하려면 고객의 움직임을 분석하고, 고객의 니즈를 파악해 물건을 판매해야 한다. 보통 초반에는 고객의 신규 유입 지표에 신경 쓰고 어떻게 방문하는가, 어떻게 구매로 이어지는가 등을 살펴본다. 그리고 그다음 중반으로 넘어가면 고객 이탈율이나 재구매율 등 고객의 행동 패턴에 신경 써야 한다. 그리고 후반 단계로 넘어가고 나면 기존고객의 만족을 위하여 고객의 소리를 듣고, 마케팅의 목표를 전환해야 한다. 그러면서 각 단계에 따라 중점적으로 분석해야 하는 사항의 우선도도 달라진다.

그동안 기업은 상품의 품질이나 서비스 편익을 향상시키는 것이 고객가치 창출의 전부로 믿어왔다. 그러나 고객이 스마트해지고 시장이 성숙해지면서 제품중심의 경쟁력은 더 이상 차별적 요인이 되지 못한다는 것을 알게 되었다.

일반적으로 고객가치는 고객이 비용을 지불하고 얻는 이익에 대한 고객의 인식으로 정의한다. 여기서 가치창출은 전문적으로 이야기하자면, 고객이 얻은 효용에서 지불한 희생을 초과하는 고객의 잉여다. 다시 말해서 고객이 얻은 가치에서 고객이 기대한 가치를 나눈 값이라고 할 수 있다.

이러한 고객가치는 실체는 분명히 존재하지만 계량화할 수 없는 심리적 요인LOV : List of Value, Kahle의 영역이다. 또한 기업은 마케팅의 상품 가치, 브랜드 가치, 디자인 가치, 이미지 가치를 통제할 수 있지만 고객 가치는 고객이 주체가 되는 감성적 가치로 기업의 통제밖에 존재한다는 분석이다.

그런데 시대의 변화에 따라 고객가치도 변화할 뿐 아니라 고객이 느끼는 MOT의 15초도 점차 짧아지고 있다. 내가 가르치고 있는 학생들만 봐도 이상형은 척보면 안다고 말한다. 사람이나 상품이나 내 스타일인지 아닌지를 요즘 젊은이들은 더 날카로운 촉으로 빠르게 간파한다. 그야말로 '척보면 척이다!'

마우스를 쥐고 태어났다고 할 만큼 인터넷, 컴퓨터 등 디지털 문화 속에서 살아온 새로운 세대, 바로 '디지털 네이티브native, 원주민'의 등장은 21세기 빠른 변화의 중심에 있다. 온라인으로 쇼핑하고 인터넷으로 공부하고 스마트폰으로 업무를 보는 사람들이 점점 더 많아지고 있기에 MOT의 속도도 급물살을 타고 있다.

미국 최대 전자상거래업체 아마존은 '배송시간 제로'를 목표로 항공기를 직접 임대하고 선박업체를 인수하며 3D 프린터를 탑재한 차량을 운행한다. 외부업체에 맡기던 배송을 직접 하는 것이다. 기다리기 싫어하는 고객을 위해 MOT 순간을 줄이기 위한 노력이다. 그뿐만이 아니라 고객이 주문하기도 전에 미리 데이터 분석을 통해 고객과 가까운 물류센터로 제품을 옮겨놓는 예상 배송 시스템을 구축하는 등 서비스 혁신을 주도하고 있다.

고객과 마주치는 MOT의 속도는 점점 줄어들고 MOT의 장소와 상황 거기에 고객 대상은 더욱 다양해지고 있다. 2016년 우리나라의 국제결혼 비율은 8%에 진입했고 2050년까지 다문화가정 인구가 우리나라 국민 20명 중 1명이 될 것이라는 전망이다.

이쯤 되면 IT 혁신을 이용한 MOT 관리는 물론 시장에서 과일을 파는 할머니도 'No more discount' 정도의 영어는 할 줄 알아야 거래를 할 수 있고, 'May I have your name?' 정도는 해야 마음에 드는 외국인과의 인연이 시작될 수 있다는 말이 결코 우스갯소리만은 아니다.

아마존이 정의한 MOT

……소셜미디어에서 고객들이 직접 단 '#쿠팡맨최고'란 해시태 그를 심심치 않게 보게 된다. 고객의 경험 측면에서 배송 서비스 를 진행하고 있다는 쿠팡은 물건을 옮기는 단순한 수준을 넘어 온라인 고객과 오프라인이 만나는 '접점'으로 끌어올리는 노력 을 하고 있다. 진정한 배송의 경쟁력은 고객이 주문한 제품을 그 냥 전달하는 것이 아니다. 제품을 주문한 순간부터 기다리고 마 침내 도착하기까지 그리고 제품포장을 뜯는 순간까지가 모두 고 객가치 창출을 위한 MOT 순간이다.

예를 들어서 배송 이후의 고객 만족을 위해 아마존이 도입한 '좌절제로 포장기법Frustration Free Package' 사례를 보자. 누구나 한 번쯤 너무 단단하게 된 포장을 뜯다가 손을 베거나 짜증이 난 적 이 있을 것이다. 아마존은 이런 상황을 줄이기 위해 좌절제로 포 장인증제를 도입했다. 제품을 충분히 보호하면서도 쉽게 뜯을 수 있는 포장기법을 적용하면서 고객의 포장을 뜯는 MOT까지 세심 하게 관리하고 있다. 고객이 배송을 받은 제품을 확인하는데 별 어려움 없이 간편하게 스르륵 포장이 풀리게 되면 제품을 확인하 기 전부터 기분이 좋아진다. 제품을 손에 쥘 때부터 느낄 수 있는 감성서비스의 차별화다.

10

이상형 스트레스 관리
감정노동자의 스트레스를 관리하는가?

감성을 사로잡는 '웨이터의 법칙'

……첫 데이트가 별로였는지 연락이 없다. 썩 마음에 드는 데이트는 아니었지만 연락이 없으니 기분이 상한다. 데이트에서는 어디서 무엇을 먹었는가가 아니라 어떤 감정이 오고갔는지가 참 중요하다. 첫 만남에서 생전 처음 먹어보는 삼합을 시켰을 때 호기심이 생겼다. 하지만 묵은 김치와 함께 싸먹은 삶은 돼지고기와 홍어의 궁합이 내뿜는 생전 처음 경험하는 그 향과 맛은 달콤한

첫 데이트의 기억 대신 쌰~한 기억을 심어줄 뿐이었다.

그나마 상대가 호감이 갔던 순간은 식당 직원이 물을 엎질러 당황했을 때 화를 내지 않고 침착하게 괜찮다고 했던 모습이다.

"어차피 이 옷 빨려고 했던 옷인데요. 뭐! 괜찮아요. 물수건 좀 갖다 주시겠어요?"

편안하게 직원에게 말하는 첫 데이트 상대가 혹시 전화를 하면 두 번째 만남을 고려해봐야겠다. 왜냐하면 '웨이터의 법칙'에 따라 괜찮은 사람 같기도 하니까.

만약 누군가가 당신에게는 잘 대해주지만 웨이터에게는 거만하게 행동한다면 그는 믿을 만한 사람이 아니라는 '웨이터의 법칙'은 데이브 배리라는 작가의 글에서 유래된 것으로 방위산업체 CEO인 빌 스완슨이 자주 언급한 법칙이다.

감정노동자에게도 선택권이 필요하다

......미래를 함께 할 사람을 선택하는데 있어서 활용 가능한 '웨이터의 법칙'은 비단 이성과의 만남뿐만 아니라 직원에게 서비스를 받는 고객에게도 적용이 된다. 수퍼 갑질을 하는 고객은 같은 고객에게도 욕먹는다. 요즘처럼 SNS의 힘이 쎈 시대에는 좋은 고

객이 감정노동자를 진상고객으로부터 보호하려는 움직임이 거세다. 몰상식한 진상고객의 끝이 좋은 고객에 의해서 응징된다는 사실이 감정노동자의 숨통을 틔여주는 희망이 아닐까 싶다.

신학자 라인홀드 니부어의 기도처럼 변화시킬 수 없는 것을 받아들이는 평상심과 변화시킬 수 있는 것을 변화시키는 용기와 그리고 그 차이를 구별할 줄 아는 지혜가 우리 감정노동자에게도 필요하다. 하지만 고객이라는 이름표를 달고 있는 우리도 기억해야 할 점 하나! 우리도 일터에서는 누구나 감정노동자라는 이름표를 달아야 한다는 사실 그리고 대접받기를 원한다면 대접받을 자격이 있는 고객이 되어야 한다는 사실이다. 고객이라는 이름으로 무고한 감정노동자에게 갑질하는 고객은 욕먹기 마련이다.

미국의 사회학자인 앨리 러셀 혹실드가 처음 사용한 감정노동 Emotional Labor이라는 표현은 실제 자신이 느끼는 감정과는 무관하게 직무를 행해야 하는 것을 말한다. 웃는 표정만을 강요받는 승무원이나 판매직 등의 서비스업에 종사하는 감정노동자에 대한 관심이 확대되고 있다.

노동환경건강연구소의 최근 '감정노동자 건강 실태 조사' 결과에 의하면, 백화점 판매원이나 콜센터 직원, 철도 객실 승무원 등 감정노동자의 87.6%가 인격 무시 발언을 들었고, 욕설이나 폭언을 들은 경험이 81.1%인 것으로 조사되었다. 즉 감정노동자들이 3

일에 한번 꼴로 욕설과 폭언에 시달리고 한 달에 2번 폭행 등을 당하는 셈이다. 무척 놀라운 데이터다. 감정노동자가 선택할 수 없이 일방적으로 받는 고객의 무차별적인 폭언과 폭행은 감정노동자의 정신질환으로 이어질 수 있으니 큰 문제가 아닐 수 없다.

결국 회사 입장에서는 인력 손실은 물론 업무성과 저하로 이어지기에 사전 조치 및 꾸준한 관심이 필요하다. 그렇기 때문에 과도한 업무량을 줄이고, 고객으로부터 고도의 스트레스나 폭력을 인지했을 때 회피할 수 있는 권리를 부여하는 등 회사 차원에서 실질적 종합대책을 세울 필요가 있다.

심리학자 앨런 랭어와 주디스 로딘은 양로원의 노인을 대상으로 자기의 일을 스스로 선택하고 결정하는 통제감이 수명에 미치는 영향을 18개월 동안 실험했다. 그 결과, 정해진 메뉴의 식사를 해야 하고, 영화 관람도 정해진 날에 선정한 것만 보는 등 통제받은 노인은 사망률이 2배 높았다. 이 실험은 선택의 권리와 통제력의 행사가 건강과 행복한 삶에 얼마나 중요한지를 보여준다.

고객을 떠나보낼 준비를 하라

...... 비닐팩으로 포장된 한우 꽃등심을 환불해달라는 고객을 보

며 직원이 당황해한다. 뜯어진 비닐팩 속에 반쯤 빈 공간을 보니 이미 고기의 반을 다 먹어버린 상태였기 때문이다.

"어떤 불편함이 있으셨는지 여쭤봐도 되겠습니까?"라고 미소를 유지하며 정중하게 묻자 고객의 대답은 "고기가 육즙도 좋고 식감도 좋은데 갑자기 제 분수에는 맞지 않는다는 생각이 들더라고요. 그러니까 환불해주세요!"

우연히 본 〈송곳〉이라는 드라마의 내용이다.

20여년 넘게 고객 서비스를 강조하면서 강의 및 컨설팅을 해왔지만 지나친 갑질 고객이나 블랙컨슈머Black Consumer, 기업 등을 상대로 부당한 이익을 취하고자 제품을 구매한 후 고의적으로 악성 민원을 제기하는 자에게는 단호한 입장이다.

'내가 웃는 게 웃는 게 아니야'라는 노래의 가사처럼 스마일마스크 속의 감정노동자는 가끔 막무가내 고객 때문에 눈물을 흘리게 되는 경우가 있다. 그렇다면 이 시점에서 감정노동을 감성행동으로 전환할 수는 없을까 하는 고민을 하게 된다. 감정노동자의 스트레스를 해결하기 위한 고민을 하지 않을 수 없는 이유는 그들이 악화된 감정을 다른 사람, 즉 내부직원이나 외부고객에게 풀어버리면서 감정의 악순환 채널이 생기고 결국 조직의 문화를 변질시키기 때문이다. 이윤 창출이 목적인 회사에 손해를 입히게 된다는 말이다.

항공사에서 자신이 원하는 자리를 배정해주지 않았고 식사 서비스가 형편없었다는 등 사실이 아닌 항의를 끊임없이 하는 갑질 고객이 있었다. 이 회사의 고객관리팀은 그 갑질고객의 메일을 처리하느라 많은 시간을 허비했다. 근거 없이 계속되는 항의에 문제의식을 느낀 고객관리팀은 그 갑질고객의 메일을 CEO에게 보내 해결책을 요청했다. CEO의 답변은 무척 간단하고 의외였다.

"고객님이 그리울 겁니다. 안녕히 가십시오."

그렇다. 고객을 단호하게 떠나보낸 것이다. 그 메일을 쓴 CEO는 바로 사우스웨스트항공의 허브 켈러허다. 그는 고객 서비스를 무척 중요시하는 인물이다.

'내부직원에게 친절한 고객을 만드는 시스템'은 누구나 원할 것이다. 이런 시스템을 만드는 것이 그리 쉬울 것 같지는 않다. 그러나 그것을 해내는 곳이 있다. 프랑스 남부 니스리비에라 지역의 '쁘디쉬라'는 한 카페의 메뉴판을 보면 쉽게 알 수 있다.

이곳은 '안녕하세요. 커피 한 잔 주세요'라고 말하면 1.40유로(약 2,000원)로 커피를 마실 수 있지만, '커피 한 잔'이라고 주문하면 7유로(약 1만 원)을 내야 합니다.

직원에게 커피를 친절하게 주문하면 8,000원을 버는 셈이다. 직원에게 무례하게 반말하지 말라는 주인의 메시지가 담겨 있다.

우리나라에서도 이런 방법을 응용하는 곳이 점점 늘어나는 추세다. 얼마 전에 가로수길에 고기를 먹으로 갔다가 한참 웃고 왔다. 벽에 걸린 서비스 매뉴얼 때문이다.

미인 손님 주문 시 음료 서비스 제공!

('미인 손님'이라 외쳐주세요. 단 종업원 외면 시 음료 서비스 불가.)

가게의 종업원과 친하게 지낼 시 각종 서비스 혜택!

예쁜 손님과 직원에게 친절한 손님은 무료 음료수를 받을 수 있다는 안내판을 보면서 직원들에게 친절하게 대해주기를 기대하는 주인의 의지가 느껴졌다.

내부고객의 스트레스를 관리하라

...... 허브 켈러허 회장은 '고객이 항상 옳은 것은 아니다' 라는 철학을 갖고 있다. 외부고객이 귀한 만큼 '내부고객' 을 귀하게 여겼다. 이 사건으로 사우스웨스트항공은 고객을 잃었지만 사우스웨스트항공의 직원은 일부 갑질고객의 과도한 서비스 요구에서 자유로워질 수 있었다. 또한 자신이 회사에서 귀하게 대접받는 소중한 존재임을 느끼는 기회가 되기도 했다. 내부고객 만족에도 특별히 신경을 쓰며 상호신뢰의 조직문화를 만든 사우스웨스트항공은 타 항공사가 난항인 상황에도 42년간 연속으로 흑자를 냈다. 뿐만 아니라 2015년 〈포춘〉에서 '가장 존경받는 기업' 7위에 당당히 이름을 올렸다. 고객은 귀하다.

하지만 〈송곳〉 같은 고객은 잘 가려서 달리 응대해야 하고, 외부고객만큼 내부고객도 귀함을 명심해야 한다. 그래야 감정노동자의 미소에 진심이 싹튼다.

제4장

고객과
사랑싸움하기

11
이상형과의 관계 재발견
서비스 조직 문화를 매혹적으로 디자인했는가?

상대에게 호기심이 생기는가?

⋯⋯첫 데이트 상대와 나와의 관계가 애매하다. 우리만의 분위기가 없다고나 할까? 만나도 딱히 할 이야기가 없고, 상대가 무슨 말을 해도 관심이 없는 이야기뿐이다. 거기에 자신이 가까스로 공통 화제일 것 같은 어벤져스 시리즈 영화 이야기를 꺼내도 상대방은 줄곧 휴대폰만 만지작거리며 뭐 마려운 강아지마냥 안절부절못한다. 이쯤 되면 서로 맞지 않는 것이다. 케미가 없다고

봐야 한다. 이런 커플은 커피숍이나 산책보다는 영화 보는 것을 선호한다. 영화를 보는 동안에는 서로에게 관심 끄고 아무 이야기도 안 해도 괜찮으니까.

남녀 사이에서 가장 중요한 것은 무엇일까? 호기심이다. 상대가 궁금해야 한다. 상대는 무슨 음식을 좋아하는지, 어떤 음악을 즐기는지, 어떤 스타일의 옷을 입는지, 가장 싫어하는 것은 무엇인지, 친한 친구는 누구인지, 강아지와 고양이 중 어떤 동물을 더 좋아하는지 등등 끊임없는 호기심이 생겨야 한다. 그것이 관심이고 그런 관심이 모이고 모여 서로를 이해하는 키워드가 된다. 서로를 이해하는 파이가 시간과 함께 넓어질수록 상대와 더 오래 함께 하고 싶은지 아닌지를 판단하게 되면서 관계를 재정립하게 된다. 그러면서 자신이 외로워서 아무나 만나는 건지 아니면 상대에게 관심이 있어서 만나는 것인지를 알게 된다.

우리만의 기업문화가 있는가?

······ 이성 간에도 특별한 케미가 있어야 하듯이 조직에는 특별한 조직문화가 있기 마련이다. 조직문화란 조직 구성원에 의해서 공유되는 믿음이나 기대 등의 형태를 지닌다. 다시 말해서 다른 조

직과 구별해주는 믿음 등이 필요하다.

예를 들면 에버랜드에서는 직원을 무대(에버랜드)에서 고객에게 만족을 주기 위해서 연기하는 캐스트 cast라는 인식을 통해서 직장에서 일을 하는 것이 아니라 연기를 하고 있다는 문화를 만들었다. 에버랜드의 위생과 청결을 담당하는 직원은 모자부터 운동화까지 모두 하얀색으로 입었다. 조금만 더러워져도 눈에 띄게 하기 위해 청결의 상징성을 옷으로 표현한 것이다. 이러한 생각을 조직원 모두에게 인식시키고 전염시키면서 조직문화로 정착을 시키는 데는 오랜 시간과 많은 노력이 필요하다.

그렇다면 왜 이러한 조직문화를 창조하기 위해 노력하는 것일까? 내부고객인 직원이 심적으로 조직문화에 동화되지 않으면 일에서 오는 행복감을 느끼지 못하기 때문이다. 그리고 직원이 행복하지 않으면 그 직원을 통해 제품이나 서비스를 전달받는 고객 또한 절대 행복할 수 없기 때문이다.

조직원이 모두 하나의 가족이라는 조직문화가 없는 곳에서 고객에게 가장 많이 노출되는 불친절한 멘트는 바로 이런 것들이다.

"제가 그런 게 아닌데요!"

"그 일은 제가 잘 몰라요!"

"담당자가 점심 먹으러 갔는데요!"

"그러니까 담당자한테 직접 얘기하세요!"

여러분의 조직은 어떠한가? 현재 고객과의 관계는 안녕한가? 조직원 간에 문화는 잘 공유되고 있는가? 그렇지 않다면 무엇이 문제인가? 무엇을 바꿔야 하는가? 지금쯤 관계 재정립을 위해 멀찌감치 떨어져서 자신이 속한 조직을 망원렌즈로 바라볼 때다.

얼마 전에 외국인 친구가 배낭이 필요하다고 해서 함께 쇼핑을 한 적이 있다. 그 친구가 한번 직접 메봐도 되냐고 물으니 그 직원이 하는 말. '저는 아르바이트라 잘 모르겠는데요'라고 한다. 내 얼굴이 더 붉어졌다. 그런 것은 아르바이트가 아니라 그냥 지나가는 중학생도 상식적으로 대답할 수 있는 질문이었다.

'물론입니다! 잘 어울리실 것 같은데 한번 메보세요! 이쪽에 거울이 준비되어 있습니다'라고까지는 아니더라도 '그럼요'라고 웃으며 한마디 하면 될 일이었다. 그런데 모르겠다니. 이유가 무엇일까? 바로 조직문화 때문이다.

서비스 매뉴얼이 제대로 공유되지 않았을 뿐더러 아르바이트 생이 직원의 허락 없이 고객에게 무엇을 하는 것 자체가 허락되지 않는 폐쇄적이고 답답한 조직문화 때문이다. 그리고 이 조직은 기본적으로 고객을 위한 곳이 아니라 선배나 상사의 눈 밖에 나는 것이 가장 두려워하는 사람들이 모인 암울한 곳임을 금방 느낄 수 있었다.

고객을 기다리지 않고 직접 유혹하는가?

…… 베스트 바이Best Buy는 전자제품 및 컴퓨터 관련 제품을 종합
적으로 판매하는 미국의 대형 유통업체로 전 CEO인 브라이언
던은 트위터와 페이스북에 정성을 기울였다. 스스로를 '소셜미디
어 중독자'라고 하면서 '향후 기업의 명운은 소셜미디어에 달려
있다. 소셜미디어를 활용하는 것은 CEO로서 가장 중요한 경영
활동을 하는 것'이라는 확신을 갖고 있었다. 그래서인지 2008년
브라이언 던 취임 후 가장 공을 들인 조직도 다름 아닌 '소셜미디
어 지원팀'이다. 이 팀은 트위터, 페이스북 등 소셜미디어를 이용
해 고객불만을 평균 12분 내 처리하면서 2010년 매출 497억 달
러로 이전 연도 대비 10% 이상 성장한 것으로 유명하다.

　〈하버드비즈니스리뷰HBR〉는 베스트바이의 신 성장 동력을 고
객과의 관계를 재정립하면서 소셜미디어에 기반을 둔 신속한 고
객 서비스라고 분석했다. 브라이언 던은 계정해킹, 경쟁사 비방
포스팅 등 소셜미디어의 활용으로 인한 위험성이 있음에도 불구
하고 소셜미디어가 필요한 이유를 다음과 같이 말했다.

"고객이 방문하기를 기다리는 것은 구시대의 마케팅이다. 창을 열고 나가 찾는 게 소셜미디어 시대의 마케팅이다."

입으로만 강조한 것이 아니라 브라이언 던은 직접 고객 불만을 처리한 것이 100여 개가 넘었다는 점도 눈여겨봐야 한다. 왜냐하면 현장직원만 고객 서비스를 하는 것이 아니라 전사적으로 고객 서비스를 하는 것이 중요하기 때문이다.

그렇기에 최일선에서 고객을 대하는 직원뿐만 아니라 아르바이트생에게 통제, 관리, 감독보다는 권한을 주고 더불어 체계적인 서비스 마인드 교육은 물론이고 상황별 고객응대 서비스 기법을 전수해야 한다. 고객이 가장 많이 접하는 존재는 조직의 대표가 아니라 일선 직원이고 그 직원을 통해서 회사의 브랜드 이미지가 결정되기 때문이다.

결국 고객 서비스 차원에서 봤을 때 고객을 제일 위에 두고 최고경영자와 중간관리자들은 고객을 위해 현장직원을 지원하는 고객지향적인 역피라미드형 조직구도를 갖고 있는 것이다.

'사도고객apostle consumer' 이라고 들어보았는가? 누군가 보낸 사람, 즉 신이 보낸 사람을 뜻하는 '사도' 라는 말처럼 이들은 특정 브랜드에 무한한 충성심과 신뢰를 갖고 있다. 그래서 스스로 주변에 전도하기도 한다. 고객과의 관계를 재정립하고 싶다면 현재 자신의 조직에 사도고객을 얼마나 거느리고 있는지 확인해볼 필요가 있다. 보스턴컨설팅그룹[BCG]의 경험에 따르면 2%의 사도고객이 기업 매출의 20%를 담당하고 총 매출의 80%를 견인하며 기업 수익에 150% 기여한다고 한다. 애플, 아마존, 스타벅스 등이 대표적으로 기업의 브랜드 이미지는 물론 매출을 책임져주는 사도고객이 많은 기업이라고 할 수 있다.

다시 말해서 소수의 사도고객이 다른 소비자에게 막대한 영향을 미치는 만큼 일반 고객을 사도고객으로 바꿀 수 있는 브랜드 전략이 필요하다.

그렇다면 일반 고객을 사도고객으로 바꾸는 방법은 무엇일까? 우선 고객이 간절히 원하는 제품이나 서비스를 탄생시켜야 한다. 그래야만 자신이 무한 신뢰하는 애플 제품이라면 밤새 줄을 서서 구매하고 그 사실을 SNS를 통해 자랑스럽게 홍보하는 사도고객이 생긴다.

두 번째, 이런 사도고객의 작은 불만에도 심각성을 깨닫고 귀를 기울이고 정성을 다해야 한다. 밥은 싼 것을 먹더라도 커피만큼은 스타벅스를 고집했던 한 여성 고객은 어느 날 스타벅스의 사도고객에서 안티 고객으로 바뀌게 되는 사건을 경험한다. 제대로 섞이지 않은 모카를 보고 처음에는 별 감정 없이 커피를 잘 섞어달라고 부탁한다. 그런데 생각지도 않게 직원의 퉁명한 반응 때문에 기분이 상한다. 자신의 모카커피를 툭하고 함부로 취급하면서 내려놓는 직원의 행동 때문이었다.

티핑 포인트 tipping point라는 것이 있다. 어떤 상품이나 아이디어
가 마치 전염되는 것처럼 폭발적으로 번지는 순간을 가리킨다.
그 직원 한명의 단순한 행동 하나가 사도고객의 티핑 포인트를
자극하면서 분노를 폭발시켰고 결국 그 고객은 스타벅스에 대한
깊은 원한이 생겨서 온갖 SNS에 스타벅스의 불친절에 대한 자신
의 분노를 표출했다.

마지막으로 내부고객인 직원을 사도고객으로 만들어야 한다.
직원도 고객이다. 직원이 사도고객이 되어 자신의 회사를 주변에
자랑스럽게 소문을 내는 기업이 고객의 무한신뢰를 받는 것은 당
연한 결과가 아닌가!

항상 새롭게 매혹하라

⋯⋯상대가 자신에게 관심 있다고 느끼면 상대에 대한 관심을 줄
이는 사람들은 미련하다. 사람의 마음은 하루에도 수십 번 움직
인다. 상대의 매력에 빠졌다가도 매력이 변질된다면 마음이 바뀐
다. 또는 매력이 유지된다고 해도 그 매력이 더 이상 매력으로 다
가오지 않을 수도 있다.

고객 서비스도 마찬가지다. 처음 온 손님이 이 김치찌개집의 맛과 친절에 무한만족을 하면서 '진짜 맛집'을 찾았다고 기뻐한다고 해서 안심하면 안 된다는 말이다. 다음에 다른 친구들과 왔을 때도 처음 왔을 때 느꼈던 그 맛과 분위기 그리고 친절을 느낄 수 있도록 끊임없이 노력하지 않으면 고객의 감동은 한순간 물거품이 될 수 있음을 명심하자. 또한 기본 서비스 틀은 변함없이 고수하되 부수적인 서비스는 다양하고 신선해야 한다는 것을 명심하자. 고객의 마음을 사로잡는 과정은 바로 이성의 마음을 사로잡는 것과 같기 때문이다.

12
이상형과 관계 앞당기기
고객을 빅마우스로 만드는 시스템인가?

때론 도움도 필요하다

...... 이상형 여인의 마음을 사로잡고 싶은데 어떻게 해야 할지 모르겠다고 하니 한 친구가 조언을 해준다. '어머님이나 처제를 공략하는 게 제일 좋은데 만일 여의치 않으면 다른 가족의 마음을 사로잡는 게 좋아!' 라고. 그리고 보니 내가 초등학교 때 큰형부가 우리 집에 찾아와서 나한테 맛있는 과자도 사주고 어머니, 아버지께도 마음을 다해서 잘했던 기억이 난다. 언니가 형부와 결혼

하고 난 이후에 그 이유를 물어보니 큰언니 마음이 확실하게 형부 쪽으로 넘어온 것 같지가 않아서 가족의 마음을 사로잡는 전략을 썼다고 하더라.

똑똑한 전략이다. 그 당시 예비형부한테 맛있는 초콜릿이라도 받은 날이면 나는 큰언니에게 예비형부가 너무 좋다며, 언니가 예비형부랑 결혼하면 좋겠다며 종알종알 했으니 큰언니가 결혼을 결심하는데 적지 않은 영향을 미쳤을 거다.

고객을 빅마우스로 만들라

……요즘 들어 블로그에 최소한 하루에 한 번씩은 쪽지가 오는 편이다. 오늘도 예외 없이 한통이 날라왔다.

안녕하십니까? 먼지가 많은 날입니다.

건강 유의하시길 바랍니다.

저희는 온라인광고 대행사입니다.

다름이 아니라 블로거 님의 블로그에 카테고리 하나를 대여

를 할 수 있을까 하여 쪽지를 드립니다! 광고 목적의 콘텐츠

를 작성하여 포스팅을 하고 있습니다.

-중략-

블로그도 구입을 하고 있습니다.

판매의사가 있으시면 문의주시길 바랍니다.

유쾌하고 먼지 없는 하루 보내세요. 감사합니다.

처음에는 블로그 카테고리를 대여하거나 블로그를 판매하지 않겠냐는 제안에 황당했다. 내 개인적인 관심사에 대한 생각을 올리는 공간인 블로그를 구입하겠다는 것이 이해가 되지 않았다. 하지만 생각해보니 내 블로그 방문자가 하루 평균 200여 명 정도 되고 내가 방송 출현을 한 날에는 3,000명까지도 되니 입소문을 내는 창구로 괜찮은 편이었다. 이런 블로그 마케팅은 비단 한국뿐 아니라 세계적인 추세이고 중국이 그 중심에 서는 모양새다.

중국인의 소비에서 중심축이 되기 시작한 중국 보커(블로그) 사용자가 1억 명을 넘어섰다. 구글, 페이스북, 트위터 등에 접속할 수 없는 중국은 웨이보와 더불어 블로그가 새로운 소통의 장으로 자리 잡았다. 우리 기업의 중국 내 블로그 마케팅이 중요해지면서 경상남도는 최근 중국 파워블로거를 초청해 경남의 웨딩·힐링 관광을 테마로 한 팸투어를 진행했을 정도다. 이처럼 중국 블로그가 입소문 마케팅의 진원지로 이용되고 있다. 온라인에서 파는 물건에 대한 불신이 심한 중국인은 블로그 등에서 다른 사람의 제품 후기를 보고 사는 경향이 강한 것으로 분석됐다.

한국의 온라인 쇼핑몰에서 직접 구매하는 해외 소비자의 절반이 중국인이라고 하니 중국고객과의 관계도 재정립하고 감성을 사로잡으려면 블로그 마케팅에도 심혈을 기울여야 하는 시대가 되었다.

얼마 전에 한 지인이 식사를 하면서 물어본다.

"혹시 비행기 날개에 좌석이 있다면 탑승하실래요?"

나뿐만 아니라 함께 했던 사람들은 황당해하며 그런 비행기가 어디 있냐고 웃었다. 그 말에 흔들림 없이 '사람들이 비웃지 않는 아이디어라면 혁신적이지 않은 거지요' 라며 말을 이어간다.

실제 영국의 프로세스 혁신센터 CPI에서 개발 중이라는 이 비행기의 아이디어는 가족여행을 하면서 얻었다고 한다. 비행기 창밖 풍경을 보기 위해서 다투는 아이들을 보면서 차라리 날개 위에 좌석이 있다면 아이들이 모두 풍경을 볼 수 있겠다고 생각한 것이다. 창문 대신 객실 내부에 얇은 플라스틱 디스플레이를 장착하여 비행기 동체 두께도 감소시켜 연료효율성도 높아질 것으로 기대한다고 한다.

이 소리를 들은 한 지인이 바로 그날 밤 그룹 카톡방에 '비행기 날개에 좌석이 있다면?' 이라는 주제로 앞의 사례를 올렸다.

영국에서 개발하고 있는 이 비행기는 바로 한국인의 SNS를 통해서 이미 기대가 되는 혁신 제품으로 소개되었다. 정말로 고객의 입소문이 무서운 시대가 되었다.

지오반니 알레시Giovanni Alessi가 1921년에 설립한 주방용품 알레시ALESSI가 평범함을 벗어던진 이탈리아의 매력적인 일탈 브랜드라면 한국에는 한국도자기리빙의 명품 브랜드 프라우나PROUNA와 리빙한국의 생각하는 브랜드 리한LIHAN이 있다.

프라우나는 본차이나에 스와로브스키 원석으로 장식하여 도자기를 보석으로 재탄생시켰다. 그로 인해 영국 해러즈 및 미국 블루밍데이즈 등의 명품 백화점에 입점했다. 리한은 '생활의 해답'이라는 슬로건 아래 '예쁘고 기발한 제품'을 잇달아 선보이며 금세 이름을 알렸다. 본차이나로 만들고 무늬를 넣은 아름다운 도자기 뚝배기를 비롯해 밥알이 붙지 않고 세워지는 '오뚝이 주걱', 고기용과 생선용 등 양면으로 쓰는 건강 도마, 항공기용 합금소재를 사용한 가벼운 냄비, 냄새 안 나는 실리콘 받침 등 히트작을 내놨다. 멀티타진이라 불리는 도자기찜기는 청와대에 납품했고, 오뚝이 주걱은 2년 사이 60만 개가 팔렸고 지금도 매달 1만 개 이상 팔린다.

직원의 임파워먼트를 높여라

......고객 서비스 경영에서는 조직원 개개인의 인간 존중의 경영이 무척 중요하다. 구성원 스스로가 권한과 책임을 갖고 자율적으로 고객 서비스를 할 수 있도록 하는 것이 바로 임파워먼트^{EP :} empowerment로 권한의 위임과 부여를 의미한다. 효과적인 임파워먼트를 시행하기 위해서는 재량권을 주는 것은 물론이고 서비스 전달과정에서 필요한 직원들의 역할과 마인드를 이해시키는 것이 중요하다. 그리고 권한에 대한 정보를 사전에 숙지하도록 해야 한다. 뿐만 아니라 권한이 위임된 직원에게는 책임과 보상이 함께 따른다는 것을 강조하면서 인식시켜야 한다.

임파워먼트를 이야기할 때 가장 많이 언급이 되는 것은 바로 노드스트롬의 직원 핸드북이다. 거기에 쓰여 있는 노드스트롬의 규칙은 '제1조, 어떤 상황에서도 자신이 판단하여 고객에게 좋다고 생각되는 것을 실행할 것. 그 이외의 규칙은 없습니다' 다.

직원이 자신이 하는 고객에 대한 서비스와 직무에 대하여 만족과 긍지를 가지도록 하는 것. 이것이 바로 임파워먼트다.

최근에는 페이스북의 해커톤^{Hackathon}이 화제다. 24시간 동안 평소 아이디어를 시제품으로 개발하는 전 직원 참여 개발 프로그램이다. 바로 여기에서 우리가 페이스북을 사용할 때 가장 많이 쓰는 엄지를 척하고 올리고 있는 '좋아요' 버튼의 아이디어가 탄생했다고 한다. '좋아요'를 클릭하는 기능이 없는 페이스북을 지금은 상상할 수 없을 만큼 페이스북의 매력적인 기능이 바로 이런 오픈식 임파워먼트 시스템에서 나온 것이다.

또한 해커먼스Hackamonth라는 업무순환 프로그램이 있는데, 이는 타 분야의 프로젝트를 경험하는 기회를 1개월 동안 제공하는 것이다. 1년 이상 동일 업무를 수행한 직원을 대상으로 하는 프로그램으로 원래 목적은 직원의 이직 방지였다. 하지만 결과적으로 타 부서에 대한 업무 이해도 증진으로 부서 및 기능 간 협업 활성화에도 기여함으로써 직원의 임파워먼트를 높여주었다는 자체 호평을 듣고 있다.

물론 회사 입장에서는 직원이 부서 이동을 원할 경우 대체 인력을 확충해서 투입하고 부서 확인을 다시 꼼꼼히 해야 하는 등 복잡한 절차가 필요하다. 하지만 페이스북은 해커먼스를 지속적으로 확대하는 추세다.

왜 그럴까? 조직 내 유연성을 유지하고 직원 간의 소통과 교류를 활성화시킴으로써 직원의 임파워먼트를 높이는 데 효과적인 시스템이기 때문이다.

내부고객은 내 편인가? 적인가?

......이상형의 마음을 사로잡고 싶을 때 주요 주변인의 도움을 받아야 하는 것처럼 갈대처럼 왔다 갔다 하는 외부고객의 마음을 사로잡으려면 우선 내부고객인 직원의 마음을 먼저 사로잡아야 한다. 내부고객의 마음을 사로잡지 못한 상태에서는 제아무리 발버둥 치면서 노력을 해도 외부고객의 마음을 사로잡는 것은 불가능하기 때문이다.

내부고객을 내 편으로 만들지 못한 체 근무하게 하는 것은 '적과의 동침' 보다 위험하다. 누구보다 조직의 속사정을 꿰뚫고 있는 내부고객인 직원은 자신이 회사를 통해서 성장하고 있다는 확신을 갖게 되면 회사의 사도고객으로 가장 빨리 전환할 수 있는 존재임을 기억하자.

13
경쟁자의 역습
서비스 병목현상을 관리하는가?

이태리 셰프가 질투 나는가?

...... 경쟁자가 나타났다. 내 이상형이 급속도로 관심을 갖기 시작한 존재는 바로 이태리 셰프다. 이 세상에서 가장 맛있는 파스타를 만들어주겠다며 수강한 요리교실에서 파스타 레시피보다 이태리 셰프에게 몰입을 하는 것 같다. 큰일이다. 무방비 상태에서 공격을 당한 느낌이다. 여자친구는 그럴 리가 있느냐고 펄쩍 뛰지만 너무 오버하는 반응을 보니 더 의심스럽다.

여자친구의 마음이 가장 중요하지만 이태리 셰프의 훤칠한 키와 운동으로 다져진 몸, 환한 미소 그리고 유창한 한국어 실력까지 갖춘 것이 마음에 걸린다. 부러우면 진 거라는 말처럼 나는 이미 패배자가 된 것 같다. 내 여자친구의 흔들리는 마음을 내 쪽으로 확 끌어당길 묘수는 없을까?

구글의 경쟁상대는 왜 아마존일까?

...... 항공사의 경쟁사는 화상전화라고 한다. 화상전화로 회의가 가능하기 때문에 비행기를 타고 외국에 갈 필요가 없기 때문이다.

구글은 자사의 라이벌로 '아마존'을 지목한다. 고객이 구글을 거치지 않고 바로 아마존에 접속해서 쇼핑하기 때문이다. 유통기업 월마트나 전자상거래업체 이베이 입장에서도 아마존은 강력한 경쟁 상대다. HP나 IBM 등 서버를 제공하는 기업에도 아마존은 골칫거리다. 세계 주요 IT 기업은 모두 아마존을 경쟁상대로 지목하고 두려워한다.

독보적인 상품도 세월이 흐르면서 비슷한 상품의 출현으로 블루오션에서 레드오션으로 이동한다. 하지만 이러한 견제와 흐름에도 아마존은 아랑곳하지 않는다. 아마존은 설립 때부터 지금까지 매년 20~30%씩(2014년만 19.5%) 성장했다. 시작은 책이었지만 지금은 소프트웨어, 보석, 의류, 자동차용품 등 취급하지 않는 제품이 없고 차별화 전략을 여러 측면에서 도모했기 때문이다.

오랫동안 독보적이었던 〈워싱턴포스트〉도 강력한 경쟁상대를 만났다. 오죽하면 오바마 대통령이 참모진에게 워싱턴포스트와 더불어 읽어보라 했을까? 화제의 인터넷 미디어는 바로 〈허핑턴포스트 Huffington Post〉다.

〈워싱턴포스트〉의 경쟁사가 된 〈허핑턴포스트〉의 전략은 무엇이었을까? 전문가들은 '1인 미디어'라고 불리는 파워블로거 집단을 기자로 '참여'시켜 그들이 자체적으로 거느린 팔로워가 자발적으로 '공유'하도록 만든 것이라고 한다.

또한 〈허핑턴포스트〉는 고객이 적극적으로 참여하도록 경쟁을 유도한다. 양질의 정보가 익명으로 공유되도록 유도하면서 댓글을 다는 독자의 수를 표시함으로써 댓글의 신뢰성을 판단할 수 있도록 한 것이다. 예를 들어 댓글이 마음에 들면 해당 댓글 작성자의 아이디를 클릭해서 그 사람의 팬으로 등록할 수도 있고, 기사를 공유하거나 추천을 많이 한 유저에게는 슈퍼유저 Superuser 배지를 부여하는 등 고객이 스스로 필터링을 할 수 있게 하여 기존 미디어 경쟁업체와 차별화했다.

고객 서비스 사회에서 경쟁상대 즉, 라이벌은 어디에나 존재

한다. 라이벌^{rival}은 라틴어에서 유래된 것으로 강물을 함께 사용하는 사람들이라는 '리발리스^{rivalis}에서 파생되었다. 이처럼 라이벌은 같은 강을 사이에 두고 함께 살아야 하는 존재다. 늘 비교의 대상이 되는 라이벌이 싫어서 그 강에 독을 탄다면 자신도 죽게 된다. 그러므로 라이벌은 미워할 대상이 아니라 자신의 성장을 위해 존재하는 고마운 존재임을 기억하자.

고유의 것으로 승부하라

……"사무실에만 앉아 있는 사장이 되고 싶지 않다. 현장에서 직원과 직접 소통하며 회사를 바꿔나가고 싶다."

2014년 1월 취임 후 1년 4개월여 만에 국내 독자모델인 '젠투 다이나믹'을 출시해 고객들에게 큰 호응을 이끌어 오티스^{OTIS}에 혁신의 바람을 일으킨 조익서 오티스엘리베이터코리아(이하 오티스코리아) 사장의 말이다.

숙명여자대학교 자문멘토 교수모임에서 만난 조익서 사장을 통해서 OTIS의 비전을 듣고, 직접 오티스 고객지원센터 등을 방문하고 경험함으로써 왜 오티스가 차별화된 경영 전략으로 주목받고 있는지 알 것 같았다.

조익서 사장은 '안전'을 최고의 가치로 강조하면서 현장 속으로 직접 뛰어들어 격이 없는 소통과 실행 문화를 정착시키는 경영 혁신으로 오티스코리아를 새로운 회사로 탈바꿈시켰다.

그는 본사 임직원 및 각 지사 직원들을 대상으로 직접 주기적인 프레젠테이션을 진행하며 회사의 전략과 핵심 가치를 나누고 소통하므로써 전사적 목표를 실행하고 있다. 또한 직급에 상관없이 직원을 초청해 이벤트, 저녁 식사 등을 함께하며 친근한 사장의 모습으로 다가가 본사뿐만 아니라 전국에 걸쳐 있는 23개의 지사 직원들과의 거리를 좁히는 등 활기찬 조직문화를 형성했다.

사업의 발전보다 직원들이 중요하고 수천억, 조 단위 매출을 하는 것보다 안전이 더욱 중요해 이를 교육하고 있다고 강조하는 그의 눈빛에서 고객을 향한 열렬한 구애가 보였다.

압구정동 현대백화점 식품매장 옆에 있는 음식점에서 주문을 하면 번호가 쓰인 진동기계를 준다. 그것을 갖고 마음에 드는 자리에 가서 테이블 가운데 원이 그려진 곳에 그 진동기계를 올려놓고 기다리면 된다. 잠시 후 직원이 내가 주문한 음식을 갖고 오기 때문이다. 내가 직접 매장에 가서 주문표를 주고 음식을 받아올 필요가 없어서인지 음식을 들고 오는 손님끼리 부딪히거나 동선이 막히거나 하는 병목현상은 없었다.

서비스 병목이란 고객이 서비스를 받기 위해 대기하는 동안에

서비스가 진행되지 않는 현상이다. 어떠한 접점에서 병목현상이 발생하면 고객에게 불만이 생기기 때문에 많은 조직이 병목현상을 없애려는 노력중이다.

예를 들면 테마파크나 은행, 관공서 등에서 직렬식 대기라인을 병렬식으로 대체하거나 예약번호표 인출기를 설치하는 것 등이다. 또한 음식점 대기좌석에서 기다릴 때 음료수나 과자 등을 제공하는 것도 병목현상 해소법이다.

어디 그뿐인가? 백화점이나 호텔 등 엘리베이터 근처나 엘리베이터 안에 거울을 설치하는 것 또한 고객의 지루함을 줄이기 위한 것이다. 엘리베이터가 너무 느리다는 고객의 불만을 어떻게 처리할까 고민하다가 거울을 부착했을 뿐인데 그 뒤로 그런 불만이 전혀 없었다고 한다. 고객의 상태를 정확하게 파악하면 큰 투자 없이 병목현상을 줄일 수 있다.

또한 병목현상을 제대로 해결하면 고객의 마음을 얻을 수 있다. 예를 들어서 남미 고객사를 상대로 한 미국 기업과 스웨덴 기업이 경쟁을 하게 되었는데 스웨덴 기업이 승리했다. 이유는 간단하다. 미국은 고객을 만난 첫날 고객을 설득하면서 왜 자사와 거래해야 하는지 주장하는데 모든 시간을 투자했다.

반면에 스웨덴은 며칠 동안은 비즈니스와 관련된 이야기는 거의 하지 않은 채 남미 고객사의 임직원과 친분을 쌓는데 정성을 다했다.

그리고 마지막 날에 스웨덴 제품의 장점과 차별점을 임팩트 있게 소개했다. 바로 이 점이 유효했다. 남미의 문화를 미리 이해하고 공부함으로써 남미고객이 선호하는 방법으로 비즈니스의 전략을 세웠다. 이러한 문화에 대한 이해 또한 성공 비즈니스의 병목현상을 뚫어주는 지혜다.

물론 가장 중요한 것은 대체 불가능한 제품 및 서비스 프로세스를 만드는 것이다. 헹켈을 살펴보자. 단순히 잘 드는 칼이 아닌 고객이 원하는 칼을 만들기 위해 끊임없이 노력한 헹켈은 특허를 받은 제품도 수없이 많다. 병마개를 딸 수 있게 톱니를 부착한 가위도 가장 먼저 고안했다. 이후에 260여개의 경쟁 업체가 그것을 따라해 경쟁사와 차별점이 없어지자 여러 종류의 칼과 가위를 세트로 묶어 받침대에 넣은 차별화된 제품을 선보였다. 헹켈은 끊임없이 혁신제품을 개발한 것이다. 그렇기에 지금도 헹켈은 고객에게 무한신뢰를 받는다.

또 다른 사례로 JR히가시니혼의 '그랑 클래스' 같은 경우는 차별화 상품이다. 신칸센 1편성당 좌석이 18개밖에 안 되고, 전임 승무원의 배치 및 간단한 식사와 음료를 제공하는 등 차별화 전략으로 같은 구간의 1등석에 비해 5,000엔 정도 비쌈에도 불구하고 개인 이용객에게 인기가 높다.

수많은 우산 중 경쟁업체와 차별화해서 성공한 고급 비닐우산 사례를 보자. 이 우산은 견고한 유리섬유로 제작한 우산살과 방수성이 뛰어나고 온도 변화에 강한 고급재질을 사용하여 가격도 고가다. 1만 2,600엔의 가격에도 특정 고객들의 러브콜이 끊이지 않는 이 우산의 제작 동기가 흥미롭다. 선거를 앞둔 구의회 의원이 빗속에서도 유권자의 얼굴을 볼 수 있도록 가볍고 튼튼한 투명우산을 만들어달라는 요청으로 탄생한 것이다.

창의적인 제품의 탄생 배경에는 고객의 희망 그리고 작은 불만이 씨앗이 된다. 고객 서비스의 병목현상을 해소하고 싶은가? 그렇다면 지금 당장 고객들이 하는 말, 또는 마음속에 담아두고 있는 말이 무엇인지를 꺼내는 작업과 노력을 먼저 해야 할 것이다.

보통 수직적인 조직문화가 불가피하게 고객 서비스에서 병목현상을 일으키고 있으므로 수평적인 조직문화로 변화시키면서 소통채널을 다원화하고 확대해야 한다는 이야기를 많이 한다. 하지만 이것이 말처럼 쉽지 않기에 그것을 극복한 조직문화는 대단한 것이다.

서비스 병목현상을 줄이기 위해서는 3가지 법칙을 기억해야 한다.

1. 대기시간을 짧게 느끼게 하고, 얼마나 기다려야 하는지 고객에

게 알려라.

2. 예약을 활용해 공정한 대기 시스템을 마련하라.

3. 고객이 충분한 서비스를 받을 수 있는 시간을 미리 알려줌으로써 고객을 학습시켜라.

경쟁상대가 많다는 것은 기회다

...... 여자친구에게 강력한 경쟁상대가 나타났다는 것을 위기라고만 볼 수는 없다. 왜냐하면 여자친구가 전혀 매력이 없다면 경쟁상대가 나타날 리 없기 때문이다. 마찬가지로 비즈니스에 경쟁상대가 있다는 것은 그 분야에 비전이 있다는 것이고, 자신의 조직에서 창조했던 혁신제품이나 서비스 프로세스를 그대로 복제하는 곳이 속속 생긴다는 것은 그만큼 자신의 제품이나 서비스가 고객에게 매혹적이라는 것이다.

레드오션은 희망이 없으니 블루오션을 찾는다는 것은 업의 특성에 따라 관점에 따라 다르게 해석되어야 한다. 업종은 비록 레드오션이라 하더라도 고객 서비스의 프로세스를 타 경쟁사와 다르게 접근하면서 고객의 욕구와 감성을 자극시키고 만족시키는 측면에서 블루오션을 새롭게 창조하는 것이 필요한 시점이다.

제5장

고객의
양다리 걸치기

14

양다리 걸치기

블랙컨슈머 대처전략이 있는가?

이성에게 '읽씹'을 당한다면?

……주말이 가까워오는데 여자친구가 내가 보낸 카톡에 반응이 없다. 요즘 말로 '읽씹'을 자주 당한다면 긴장의 고삐를 당겨야 할 시점이다. 물론 여자친구가 바빠서일 수도 있겠지만 반복적이라면 당신에게 관심이 멀어지고 있거나 막강한 경쟁상대가 생겼다는 증거다.

예를 들면 이태리 셰프에게 관심이 생기면서 당신을 비교하면서 심리적인 혼란 상태를 경험하는 중일수도 있다. 그래서 '우리 시간을 좀 갖기로 해요. 당분간 카톡 그만해요' 라는 말 대신에 완곡한 거절의 표현으로 '읽씹' 을 선택했을 수도 있다.

갑질고객을 떠나보낼 준비가 되었는가?

...... 양다리 걸치기는 비단 이성관계에서만 생기는 이야기가 아니다. 고객도 마찬가지다. 나만 해도 그런 경우가 아주 가끔이지만 생긴다. 얼마 전에도 10년 동안 즐겨입던 G 브랜드 청바지를 구입하고 기분이 참 좋았다. 조금 더 연한 색상의 청바지를 원했지만 디자인이 마음에 들어서 선뜻 구입했다. 그런데 몇 블럭 지났을까? 함께 동행했던 지인이 내가 구입한 청바지와 비슷한 디자인의 청바지가 디스플레이 된 것을 보고 한번 들어가서 보자고 해서 보니 내가 원했던 딱 그 색상이었다. 거기에 G 브랜드에 버금가는 좋은 브랜드임에도 특별할인가로 판매하는 것이 아닌가!

순간 갈등이 되었다. 이미 구입한 청바지를 환불하고 이 청바지를 구입하고 싶은 마음이 굴뚝이었다. 하지만 내 결정을 번복하는 것도 싫고, 오랫동안 잘 지내온 G 브랜드 매장의 매니저에게 환불을 해달라는 말이 도저히 안 나올 것 같았다. 오랜 단골이었음에도 불구하고 마음에 드는 다른 상품이 눈에 띄면 갈등이 생기는데 일반적인 고객이 좋은 상품 사이에서 갈등하면서 '양다리 걸치기'를 하는 것은 어찌 보면 당연한 일이다. 그러므로 '단골고객이 어떻게 양다리를 걸칠 수 있어?'라고 흥분하기보다는 경쟁사보다 자사 제품을 구입하는 것이 탁월한 선택이었음을 입증하는 데 총력을 기울이는 것이 낫다.

소셜네트워크서비스SNS의 발달과 함께 고객파워가 높아지면서 구매한 상품이나 서비스에 대한 불만을 토로하면서 '불매운동'을 유도하는 경우가 종종 있다. 물론 그런 대우를 받아 마땅한 상품이나 서비스인 경우도 있지만 반대인 경우도 있다. 이른바 '블랙컨슈머'의 등장이다. 블랙컨슈머란 단순히 고객의 가벼운 '양다리 걸치기'가 아니라 꽃뱀이나 제비 수준으로 종종 다른 고객의 정당한 권리까지 빼앗는 경우가 생기기도 한다.

멀쩡한 서비스와 상품임에도 불구하고 괜한 트집을 잡아 과도한 보상을 요구하는 블랙컨슈머지만 회사에서는 되도록 건드리지 않으려 한다. 공연히 잘못 건드렸다가 그동안 쌓은 회사나 브랜드의 이미지와 가치가 추락할 수 있기 때문이다. 그래서인지 블랙컨슈머의 악행은 세월이 가면서 더욱 교묘해지고 추악해지는 추세다.

'고객은 왕'이라는 말을 나 또한 오랜 시간 강조해왔다. 하지만 이것은 회사 입장에서 강조해야 할 마인드다. 이것을 고객이 스스로 강조하는 것은 아이러니다. '고객이 왕이면 직원은 전문가' 다. 전문가를 무시하는 왕은 왕으로 대접받을 자격이 없다. 서로가 서로의 위치를 존중해야만 원원할 수 있다.

고객의 지지 없이 이윤을 창출할 수 없기에 직원에게 고객 서비스를 강조하고 교육한다. 그래서 서비스기업은 고객과의 접점 직원에게 고객 응대 매뉴얼을 만들어 교육시키고 서비스 모니터링을 통해서 우수한 직원이나 부서는 인사고과에 반영하거나 우수 점포 선정 기준으로 삼기도 한다. 하지만 어떤 조직이든 3가지 시스템이 톱니바퀴처럼 잘 맞아떨어져야 잘 돌아간다. 바로 하드웨어, 소프트웨어 그리고 휴먼웨어이기에 기본적인 하드웨어와 소프트웨어의 시스템이 정비되지 않은 상태에서는 무조건 직원의 친절을 강요하는 것은 밑 빠진 독에 물을 붓는 것과 같다.

내부고객의 감정을 보호하고자 하는 최고경영자나 회사의 움직임을 보자.

"우리 직원이 고객에게 무례한 행동을 했다면 직원을 내보내겠습니다. 그러나 우리 직원에게 무례한 행동을 하시면 고객을 내보내겠습니다."

도시락업체 매장 앞에 내건 '공정서비스 권리 안내' 다. 직원의 권리를 공표한 이 안내문은 사회관계망서비스SNS를 중심으로 큰 화제를 모았다.

또한 "저는 홈쇼핑 회사 팀장입니다. 반품하실 때 빈 박스를 보내거나 쓰레기를 넣어 보내시는 분들 정말 많으신데요. 바로 오늘부터 저희 회사는 해당되는 모든 고객을 고소하기로 결정했습니다."

'홈쇼핑 팀장의 최후통첩'이라는 제목으로 역시 SNS에서 인기를 끈 글이다. 이처럼 블랙컨슈머를 대하는 기업의 태도가 점차 단호해지고 있다.

감정노동자에 대한 배려가 우선되고 재산상 손해를 끼치는 행위 등에는 법적 대응도 마다치 않겠다는 식의 적극성·능동성이 감지된다. 상식 밖 소비자는 고객으로 대우하지 않겠다는 강한 의지다. 소비자 권리를 남용하는 '갑질'을 더 이상 용인해서는 안 된다는 사회적 합의가 그 바탕에 있다.

제대로 사과하는가?

...... 앞에서 언급한 블랙컨슈머도 문제지만 고객을 우롱하는 기업의 정직하지 못한 경영으로 고객의 인내에 한계를 일으키는 경우가 최근 들어 많아지고 있다.

고객의 불평과 불만은 참 무섭고 힘이 세다. 잘나가던 조직을 한순간에 무너지게 할 수 있음을 최근에 또 한 번 강하게 느꼈다.

"옥시, 아웃! 아웃! 아웃!"

옥시 제품 수백 개가 옥시 본사 앞에 나뒹굴었다. 고객들은 가습기 살균제 사망 사건의 중심에 있는 옥시 본사 앞에 모여 가습기 살균제, 청소용품, 세탁용품, 탈취제, 방향제, 손 세정제 등 옥시 제품을 힘껏 내던지며 '살인기업 옥시는 지구를 떠나라' 라고 외쳤다. 이것은 단순한 불매운동을 넘어 고객의 생명을 담보로 고객의 신뢰를 무너뜨린 기업에 대한 고객의 분노를 표현한 것이다.

'안방의 참사' 로 불리는 가습기 살균제 사건의 주범인 다국적 기업 옥시레킷벤키저는 영국인이 존경하는 기업 10위에 들었던 회사로 세계경제포럼 '지속가능경영 100대 기업' 7위에 올랐을 정도로 잘나가던 기업이다.

평판비용^{reputation cost}이라는 것이 있다. 단기적 이익을 노리다 부정행위를 저지른 기업의 손실과 기회비용을 망라한다. 정도경영에 어긋난 부정이나 불법행위를 저지른 기업은 막대한 평판비용을 치른다. 주가는 급전직하하고 소비자 불매운동 확산에 매출액과 이익은 급감하면서 급기야 그 회사는 소리소문 없이 역사의 뒤안길로 사라지게 된다. 실추된 이미지를 개선하는 데는 상상을 초월하는 노력과 시간이 소요된다.

모든 기업이나 조직은 어느 순간 위기관리를 해야 하는 시점이 온다. 위기관리crisis management란 위기가 발생했을 경우 그 위기 상황을 계속 통제하면서 야기될 수 있는 피해의 범위를 최소화하고, 문제를 해결하기 위해서 구축해놓은 제도적 장치 및 절차를 의미한다. 위기를 슬기롭게 수습하려면 진정성 있는 사과와 빠른 감성전략이 필요하다.

1. 고객의 불평불만이 회사의 잘못이라면 최대한 빨리 사과한다.
2. 잘못과 책임을 인정하고 회사 대표가 진심으로 공개적으로 해명·사과한다.
3. 사태 수습 방안과 재발 방지책을 내놓는 동시에 피해자에게 공정하게 배상한다.

옥시 사태는 모든 기업에 반면교사가 되었다. 언제 닥칠지 모르는 위기를 지혜롭게 관리해야 하는 것은 회사뿐만이 아니다. 모든 직원의 노력과 진정성까지 더해져야 제대로 된 위기 관리다.

아울러 고객이 용납할 수 없는 수위의 문제가 아닌 경우에는 고객의 불평불만이 나왔을 때 어떤 식으로 대응하고 사과하는지가 중요하다는 흥미로운 연구결과가 있다.

예를 들어서 고객이 불평을 했을 경우 즉시 진정성 있는 사과를 하면 불평 상황이 발생되기 이전과 똑같은 심리상태가 되거나 더 만족스러울 수 있다는 결과다. 그렇기 때문에 어떤 기업에서는 의도적으로 제품에 아주 사소한 고장을 조장해서 고객이 AS센터를 방문하게끔 한 후 최선의 서비스로 만족시켜주는 전략을 세운다는 이야기가 전해지지 않던가!

블랙컨슈머를 관리하라

……블랙컨슈머가 '서비스 테러리스트'라고도 불리는 이유는 최선을 다해 고객 서비스를 하는 직원의 근무의욕을 떨어뜨리며 다른 고객에 대한 응대에도 지대한 영향을 미쳐 전체적으로 기업의 성과를 하락시키기 때문이다. 또한 정신적 스트레스로 인해 정신치료를 받거나 심한 경우 자살에 이르는 사례도 있기 때문에 최근 들어 '감정노동'에 대한 관심이 커지고 있다.

공공의 적이라고 할 수 있는 블랙컨슈머는 지금도 어디에선가 백화점 VIP에 대한 서비스가 부족하다고 점원이나 주차요원을 무릎 꿇게 한다. 그리고 음식물에 이물질이 들어 있다고 기업에게 과도한 요구를 하기도 한다. 이런 블랙컨슈머의 잘못된 갑질을 막으려면 다방면에서 동시다발적으로 협력해야 한다. 기업은 고객접점직원에게 친절을 교육하는 것과 더불어 하드웨어적인 시스템을 내부고객인 직원이 최선의 서비스를 할 수 있도록 갖춰야 한다. 예를 들어서 직원이 한 명인 매장에 수십 명의 고객이 방문했는데 전화까지 폭주한다면 아무리 타고난 서비스맨이라 해도 모든 고객에게 친절하게 대하기란 불가능하다. 전화업무를 전담하는 직원을 별도 배치를 하지 않는 이상 이 매장의 불친절은 계속 될 수밖에 없다.

15

관계 재정립
코끼리 다리를 만지고 있는 직원에게 코끼리를 보여주는가?

갖긴 싫고 벌긴 아까운가?

...... '레인보우 브릿지' 의 멜로디가 흐르는 커피숍에서 여자친구
가 작정한 듯이 묻는다.

"우리 어떤 관계야? 나는 당신한테 여자친구야? 애인이야? 아
니면 그냥 여자사람친구야?"

생각지도 못한 질문에 당황스럽다. 생각해보니 우리 관계는
조금 붕 떠 있는 느낌이다. 손은 잡았는데 뽀뽀는 아직 안했고,

좋기는 한데 보고 싶어 죽을 것 같지는 않고, 이 사람과 평생 함께 할 수 있을 것 같은 확신도 안 들고, 결혼을 약속했는데 더 좋은 사람이 나타나면 어쩌나 하는 생각도 불쑥불쑥 들기도 한다. 그러고 보니 '내 꺼인 듯 내 꺼 아닌 내 꺼 같은 너'라는 노래가사처럼 관계 정립이 필요한 시기가 되었다.

부분이 아닌 전체를 보라

...... 직원에게 무조건 '웃으면서 인사해라'라고 하는 것은 구시대적인 교육법이다. 자신이 하는 일과 전체 서비스와의 관계를 파악해야 자신의 일이 얼마나 중요한 가치를 갖고 있는지 알게 된다.

어떤 비행기 제조업체에서 날개 부분 나사를 조립하는 직원이 단순히 나사조립법만을 교육받고 일할 때와 자신이 조립한 나사로 탄생한 비행기가 수많은 승객을 싣고 창공을 나는 모습을 알게 된 후 일할 때의 자부심은 하늘과 땅 차이다. 멋진 비행기가 탄생하기 위해서는 나사 하나하나를 제대로 조립해야 한다는 것을 알게 되면 자신이 하는 일의 가치가 수십, 수백 배 높아지기 때문이다.

이러한 전체적인 서비스 흐름도 즉, 서비스 지도를 직원에게 보여주는 것은 무척 중요하다. 그런데 많은 조직에서 이런 중요한 프로세스를 생략한다. 코끼리의 코를 만지고 있는 사람은 코끼리가 긴 호스처럼 생겼다고 느낄 것이고, 다리를 만지고 있는 사람은 코끼리가 기둥처럼 생겼다고 느끼는 것과 같은 이치다. 전체 코끼리의 모습을 먼저 보여준 후 자신이 만지고 있는 부분은 코끼리의 어떤 부분인지를 보여주는 것이 순서다.

전체 서비스 지도에서 가장 먼저 보여주어야 할 것은 조직의 비전과 철학이다. 예를 들어 리츠칼튼 호텔의 좌우명은 '우리는 신사 숙녀 고객을 모시는 신사 숙녀다' 로 이는 동료 직원들과 서로 협조하고 상호 노력함으로써 우아하고 활기찬 직장 분위기를 조성하는 데 도움이 된다. 이런 조직을 만들기 위해 무엇이 필요한지, 자신의 위치에서 무엇을 할 수 있고, 해야 하는지 설명하는 흐름이 돼야 한다.

이렇게 서비스를 구성하는 요소와 연결고리를 알려주면 해당 부서의 관점뿐만 아니라 전체 서비스를 통합하여 전략적 사고할 수 있게 된다.

1300년 동안 지켜온 호시료칸의 성공비결을 보자. CEO를 포함한 전 직원은 오늘의 만남이 마지막이라고 생각하고 손님대접을 한다. 자신이 만드는 음식이, 제공하는 서비스가 고객에게 평생 남을 행복의 경험을 드린다는 전체적인 서비스 흐름을 바탕에 두고 일한다고 한다.

1300년의 장수경영은 분명 이러한 것이 잘 지켜졌기 때문이다. 고객과의 관계를 멋지게 다시 재정립하고 싶다면 직원의 마음에 호시료칸의 서비스 기본원칙을 강하고 명쾌하게 새겨보자.

문화Culture의 어원은 '밭을 갈아 경작한다'는 의미의 라틴어인 'Cultus'에서 유래되었다. '같은 문화권의 사람들이 서로 공유하고 동의하는 가치체계·규범'으로 정의되는 문화는 고객 서비스를 하는 조직에서는 더더욱 중요하다. 고객에게 어떤 가치의 서비스를 제공할지에 대한 생각이 공유되지 않는 상태에서는 물과 기름처럼 일관되지 않은 서비스로 고객을 혼란스럽게 만들기 때문이다.

모기가 있기에 초콜릿을 먹을 수 있다

...... 얼마 전 압구정동에서 맛있다고 소문난 만두를 먹으러 갔다. 후덥지근한 날씨 때문에 물수건이 필요했던 지인이 직원에게 물수건이 있냐고 물으니 퉁명스럽게 이런 데 물수건이 있겠냐고 되묻는다. 그러면서 물컵을 테이블에 내려놓는데 어찌나 세게 놓는지 물방울 몇 개가 내 하얀 티셔츠로 튀어버렸다. 미안하다는

말 한마디 없이 돌아서는 직원의 뒷모습을 보면서 그녀가 말한 '이런 데'의 의미를 해석하려니 머리가 복잡해졌다. 이런 데란 '싼 집'을 의미했을 확률이 높다. 자신을 '싼 집에서 일하는 사람'으로 정의하고 있는 것 같았다. 이런 생각을 갖고 있는 직원이 있는 한 이 만두집은 아무리 만두가 맛있다고 해도 장수할 수 없다. 처음부터 기분이 상해서일까? 만두는 제법 괜찮았지만 썩 맛나지는 않았다. 나는 참 이기적이다. 왜냐하면 이곳이 두 번 다시 오고 싶지 않았기에 불평 한마디 안하고 조용히 먹고 사라져줬다. 만일 내가 이곳에 손톱만큼의 애정이 있었다면 또는 한번쯤 더 오고 싶었다면 아까 그 직원에게 한마디 했을 것이다. 하지만 날씨도 덥고 내 귀한 에너지와 시간을 그 사람에게 쓰고 싶지 않다는 이기심이 나를 조용하게 만들었다. 고객은 참 이기적이다.

고객과 관계를 재정립하면 자신이 하는 일의 가치가 수직상승하게 된다. 의수를 만드는 어떤 회사가 있다. 하지만 이 회사는 단순한 의수를 제작하는 것이 아니라 '착용 어린이가 의수를 통해 창의력을 발휘하고 핸디캡을 패션으로 여기기를 바란다'는 야심찬 비전을 갖고 있다. 스웨덴 우메아대학교 카를로스 토레스가 개발한 어린이용 조립식 의수는 손 부분을 다양한 모듈로 교체할 수 있어 '레고 의수'라고 재미있게 지칭했다. 이런 가치를 전 직원이 공유하게 되면 나사를 조이는 단순한 공정도 아이의 미래를 밝혀주는 가치 있는 일이 된다.

이 세상에 필요 없는 존재는 없다. 여름에 우리를 성가시게 하는 모기도 박멸하고 싶겠지만, 모기가 없으면 초콜릿을 먹을 수 없게 된다. 왜냐하면 초콜릿의 재료인 카카오의 꽃가루를 다른 나무로 옮겨주는 존재가 '모기'이기 때문이다. 심지어 물과 빛보다 모기의 존재가 카카오의 생산량에 더 큰 영향을 준다는 연구 결과도 있다.

마찬가지로 이 세상에 가치 없는 일은 없다. 다만 눈에 잘 띄는 일과 덜 띄는 일 그리고 더 힘들어 보이는 일과 덜 힘들어 보이는 일, 돈을 잘 버는 일과 돈을 덜 버는 일, 깨끗해 보이는 일과 덜 깨끗해 보이는 일이 있을 뿐이다. 그런데 아이러니한 것은 이 모든 일들이 서로 결합되지 않으면 그 어떠한 일도 가능하지 않다는 것이다. 음식을 아무리 잘 만들어도 그 음식을 고객에게 전달해주는 직원이 없다면 어떤가? 세계 최고의 시설을 갖고 있는 오너라 하더라도 그 시설을 유지·보수하고 깨끗하게 청소해주는 직원이 없다면 어떨지 생각해보자.

우리 모두는 가치 있는 일을 하고 있다. 다만 코끼리의 전체 모습을 보지 못하고 눈앞의 것만 보다 보니 가치 없어 보일 뿐이다. 조직의 성과에 탄력이 붙지 않는다면 직원들이 코끼리 전체 모습을 봐야 할 때다. 그러기 위해서는 하던 일을 잠시 멈추고 조금

멀리 떨어져서 자신의 일을 그리고 자신의 조직이 하는 일의 가치를 관조해볼 필요가 있다.

세븐일레븐 경우에는 가설을 세우고 실제 실행한 후의 결과를 축적한 데이터가 경쟁력으로 자리매김했다. 예를 들어서 낚시터에 위치한 지점의 경우에는 상하지 않은 음식을 선호한다는 가설로 세우고 장아찌 같은 도시락을 주문하고 흐린 날씨가 예상되는 지점에서는 따뜻한 국물 등을 선호할 것을 예상해서 국물류와 함께 먹기 편한 삼각김밥 같은 것을 미리 주문하는 식이다. 물론 성공할 때도 있고 실패할 때도 있다. 이런 결과를 데이터로 축적해 놓으면 차후에 보다 정확한 가설을 다시 세울 수 있기에 모든 경우가 소중한 데이터가 된다.

막연한 미래예측보다는 세븐일레븐만의 룰을 만드는 데 집중한 것이다. 전국 POS에서 발생한 빅데이터를 분석해서 여러 가설을 세우고 검증한 후에 축적된 데이터를 통해서 상품을 발주하면서 지점별 고객의 취향 및 니즈를 찾으면서 고객과의 관계를 재정립한 셈이다.

빅데이터란 디지털 환경에서 생성되는 데이터로 그 규모가 방대하고, 생성 주기도 짧고, 형태도 수치 데이터뿐 아니라 문자와 영상 데이터를 포함하고 있다. 빅데이터 환경은 과거에 비해 데이터의 양이 폭증했다는 점과 함께 데이터의 종류도 다양해져 사람들의 행동은 물론 위치 정보와 SNS를 통해 생각과 의견까지 분석하고 예측할 수 있는 시대가 되었다.

고객과의 관계를 정립하라

……관계 재정립은 관계가 삐걱거릴 때만 하는 것이 아니다. 관계에 발전이 없을 때도, 관계가 잘 다져질 때도 해야 한다. 성적이 잘 오를 때일수록 자신이 성적이 잘 오르는 이유를 생각해보고 또한 자신이 성적을 올리기 위해 노력하는 이유를 다시 한 번 인지하는 것은 무척 중요하다.

며칠 전에 한강진역 근처에서 모임이 있었다. 한국대표 패널 스피커로서 외국인 여성들에게 우리나라의 경력단절여성에 대한 현상과 문화 그리고 극복방안을 발표하기로 되어 있었는데 가는 도중에 구두 굽의 고무패킹이 빠져버렸다. 약속시간은 다 되어가는 데 모임장소까지 도무지 그 상태로 갈 수가 없었다. 부랴부랴 근처 구두방을 수소문해서 수선을 하려는데 아뿔싸! 현금이 하나도 없는 것이 아닌가! 근처에 현금지급기가 어디 있냐고 물어보니 인상 좋은 주인아저씨가 너무 멀리 있으니 나중에 근처에 올 일 있으면 그때 돈을 줘도 된다면서 수선을 해주는 것이 아닌가!

수선을 하는 내내 노래를 흥얼거리며 정성을 다하는 이 분을 보며 고객을 '구두를 맡기는 사람'이 아니라 '자신이 즐거운 일을 하게 해주는 친구'로 여기는 듯했다. 고객관계 전문가인 나로서는 참 기분 좋은 순간이었다. 약속시간이 거의 다 되어 감사하다는 말만 급하게 남기고 돌아갔다. 다음날 돈을 드리려 방문했더니 부재중이었다. 남겨진 전화번호로 통화를 해보니 점심식사를 하고 있다면서 '그냥 지나갈 일이 있을 때 돈 주면 될 걸 왜 일부러 오셨냐?'는 말을 듣고 보니 호인도 이런 호인이 없다.

점심 맛있게 드시라는 말을 남기고 감사한 마음을 담아 수선금액보다 조금 더 넣어 구둣방 안에 놓고 나왔다. 아니나 다를까! 전화벨이 울려서 받으니 '왜 돈을 이렇게 많이 두고 가셨어요! 이러시면 제가 너무 죄송한데요!'라고 한다. 이 통화로 하루 종일 마음이 따뜻했다. 고객 서비스라는 것은 참 희한하다. 참 힘이 세다. 서로에게 힘을 준다. 주는 이에게도 받는 이에게도 모두 다 미소 짓게 하는 힘은 고객과의 바람직한 '관계정립'에서 비롯된다.

제6장

고객에게
프러포즈 받기

16

이상형 마음 사로잡기
흔들리는 고객의 마음을 어떻게 잡을 것인가?

왜 여친이 초라해 보일까?

......여자친구를 친구들에게 소개시켜주기로 했다. 그런데 다른

친구 몇 명도 자신의 여자친구를 데리고 왔다. 키도 크고 날씬하

고 얼굴도 예쁜 그녀들 사이에서 내 여자친구는 좀 짜리몽땅해

보인다. 머리가 커서 그런가? 화장기 하나 없는 얼굴이 혼자 있

을 때는 청순해 보여서 좋았는데, 화장한 예쁜 여자들 사이에서

보니 초라하고 아파보이기까지 한다.

그런데 시간이 지날수록 여자친구가 매력적으로 보이기 시작한다. 남자친구를 깔아뭉개는 표정과 말투로 자신을 돋보이게 하려는 그녀들의 본성이 슬슬 나오면서 외모만 보고 여자친구를 고른 친구들이 안쓰러울 정도다. 반면에 내 여자친구는 배려심도 있으면서 어떤 화제가 나와도 의견을 공유하는 박식한 지식까지 갖고 있다고 친구들이 인정하는 분위기다.

역시 사람은 외모만으로 판단하면 안 된다. 그런데 기왕이면 다음에는 립스틱이라도 바른 여자친구의 새로운 모습을 보고 싶어진다. 내가 너무 욕심쟁이인건가?

매력적이라는 것은?

...... 그렇지 않다. 누구나 더 좋은 것, 더 매력적인 것을 희망한다. 이성관계에서도 그렇고 '고객 서비스' 비즈니스 세계에서도 마찬가지다.

초콜릿이라고 하면 어떤 기업이 떠오르는가? 많은 사람들이 바로 '허쉬'를 떠올릴 것이다. 나도 허쉬초콜릿을 참 좋아하는데 그 이유가 허쉬 특유의 '신맛' 때문이다. 그런데 사실 이 신맛은 의도한 것이 아니라 어쩔 수 없이 나온 맛이었다. 그 당시 유럽

기업의 초콜릿 제조법을 알기 위해 수없이 노력했지만 도저히 그 비밀을 알 수 없었던 허쉬는 대량생산을 위해서 '닉산Butyric acid'을 첨가하는 허쉬만의 제조법을 탄생시킨다. 그 당시에 유럽기업에서는 풍미를 해친다는 이유로 닉산을 제거하는 것이 일반적이었다. 그렇기 때문에 초반에는 허쉬도 많은 어려움에 부딪혔다. 하지만 미국의 고객이 신맛에 익숙해지면서 오히려 허쉬초콜릿의 맛이 초콜릿 맛의 표준으로 역전하게 된다.

또 크리스털 하면 무엇이 떠오르는가? 스와로브스키Swarovski가 떠오를 것이다. 작은 유리공장에서 시작한 스와로브스키는 전기로 크리스털을 자르는 혁신적인 기계를 발명과 함께 크리스털을 대량생산하는 것이 가능한 시점부터 고객에게 치명적인 매력을 선사하게 된다. 1970년대 석유파동으로 위기가 있었지만 5년 후 투명 접착제의 발명과 함께 탄생한 크리스털 마우스가 고객의 감성을 흔들었다.

이미 170여 개국에 진출해 있어 더 이상의 성장이 불가능해 보였지만 2015년 매출은 전년 대비 12% 신장했다. 120년 장수 기업이 앞으로 200년 기업으로 살아남기 위해 스와로브스키가 준비한 것은 무엇일까? 크리스털을 이용하는 많은 고객사들이 개발한 디자인이 마켓에서 적중률을 높일 수 있게 서포트 하고, 더 나아가 스와로브스키에서도 끊임없이 고객을 매혹하는 디자인

컷을 개발하면서 '스와로브스키' 생존 4원칙인 디자인, 창의성, 장인정신, 기술혁신으로 고객에게 매력을 어필하는 것이라고 한다. 크리스털 원석을 소재로 상상력을 통해서 크리스털에 대한 인식을 새롭게 바꾼 스와로브스키의 매력은 가히 치명적이라고 할 수 있다.

그렇다면 고객 서비스 부분에서 고객에게 매력적으로 어필하는 대표적인 기업은 어디일까?

내가 근무했던 당시 삼성에버랜드(현재 삼성물산에버랜드로 사명 변경)를 빼놓을 수 없다. 뼛속까지 서비스 철학이 가득 담겼다고 감히 말할 수 있는 당시 허태학 사장의 서비스 리더십은 활화산 같았다. 내부고객인 직원의 만족을 가장 소중하게 생각했던 그는 오랜 시간과 정성을 들여서 국내 최초로 '1인 1실' 호텔식 기숙사를 세울 수 있도록 그룹 본사를 끊임없이 설득했고 마침내 성공했다.

근무시간 내내 고객과 마주치면서 '감정노동'을 하는 직원들이기에 더더욱 자신만의 공간과 '성찰의 시간'이 필요하다고 생각했기 때문이다. 쾌적한 시설은 물론이고 직원의 감정상태까지 세심하게 배려하고 꼼꼼하게 챙기는 CEO를 만나는 것은 참 행운이다. 나 또한 그 행운을 10여 년 동안 운 좋게 잡았고 그곳에서 진정한 '고객 서비스 경영'에 대해서 많은 고민을 하면서 끊임없이 배울 수 있었다.

에버랜드가 고객에게 친근하고 유쾌한 고객 서비스로 다가갔다면 이번에는 고객을 애타게 하면서 매력을 어필하는 브랜드 이야기를 한번 해보자.

앞에 여러 명품 브랜드의 핸드백이 있다고 생각해보자. 본인을 위해서 또는 연인을 위해서 한 가지만 선택해야 한다면 어떤 핸드백을 선택할까? 샤넬부터 루이비통, 프라다 등등 여러 브랜드가 나오겠지만 가장 많이 나오는 브랜드는 아마도 샤넬, 루이비통, 프라다, 에르메스가 아닐까 싶다. 이유가 무엇일까? 단순히 가장 비싸서는 아닐 것이다.

명품이란 단순히 사전적인 의미인 '뛰어나거나 이름난 물건. 또는 그런 작품'으로 설명될 수 없다. 오랜 세월 가치 있는 명품 브랜드는 의미 있는 차별성을 가지면서 가장 먼저 연상되어야 한다. 또한 브랜드 유산과 품질을 기반으로 차별화에 성공해야 하고, 일관성으로 신뢰를 형성하면서 고객이 성취감을 느끼게 하는 힘이 있어야 한다.

고객이 가장 선망하는 명품 에르메스는 아무에게나 팔지 않는 것으로도 유명하다. 에르메스의 대표상품인 '버킨 백'은 품질관리를 위해 연간 100개만 생산한다. 재료의 크기와 가죽 그리고 색깔이 모두 다르기 때문에 세상에 똑같은 에르메스 가방은 단

하나도 없다. 그래서 가격도 1,000만 원대부터 수억 원대까지 천차만별이다. 아무에게나 팔지 않는다는 버킨백을 여러 개 소장한 사람이 있으니 바로 '토넬로'다. 그는 어떻게 그 많은 버킨 백을 구입할 수 있었을까? 그만의 특별한 비법이 있었다고 한다.

우선 첫 번째, 에르메스 매장에는 반드시 에르메스 제품을 착용하고 방문한다. 두 번째, 에르메스 가방을 볼 때 마치 예술품을 대하듯 감상하는 태도를 보인다. 세 번째. 스카프나 액세서리 등 가벼운 소품부터 구입하면서 직원들과 인연을 맺는다. 네 번째, 재방문 후 특별한 선물을 요청했다. 예를 들어서 버킨백을 꼭 선물하고 싶은 존경하는 분이 있음을 정중하게 말하면서 에르메스의 가치를 자주 언급했다. 제품의 예술성과 정성에 공감하는 고객에게만 특별한 제품을 주는 에르메스의 까다로움과 특징을 간파한 것이다.

이 버킨 백은 이름에서부터 스토리가 있다. 1984년 영국 출신의 여배우였던 제인 버킨을 위해 에르메스가 특별 제작한 가방에서 그 이름이 유래되었다. 그런데 에르메스의 로고를 보면 특이한 점이 있다. 마차에 사람이 타고 있지 않은 빈자리다. 이는 에르메스의 고객철학을 상징하는 것이라고 한다. '최고의 것을 갖추고 있되, 비어 있는 주인의 자리는 바로 고객의 몫'이라는 고객 중심의 사고가 인상적이다.

일드 매니지먼트란 무엇인가?

......고객 서비스가 좋고 브랜드 이미지가 좋아도 수익을 창출하지 못하면 의미가 없다.

수요의 증감에 따라 조건이나 상황을 재설정함으로써 수익을 극대화하는 전략을 일드 매니지먼트yield management라고 한다. 일드 매니지먼트는 항공 산업에서 처음 개발되었는데, 제품의 비저장성과 무형성이라는 공통점을 가지고 있는 호텔업계를 비롯해서 많은 서비스 기업에서 적용하기 시작하였다.

예를 들면 객실 가동률을 높이기 위해서 고객의 호텔 이용 행태를 반영하는 것이다. 2008년 금융위기 이후 일본 비즈니스호텔 체인으로 등극한 아파호텔APA HOTEL경우를 보자. 오후 3시에 체크인 하고 오전 11시 체크아웃을 하는 시스템을 적용하거나 6시간, 24시간, 30시간 투숙하는 상품도 개발했다. 예약 취소율을 2% 미만으로 낮게 설정하면서 오버 부킹 시에는 근처 직영점이 고객을 수용할 수 있는 시스템을 구축하면서 도쿄 등 주요 지역에서는 100%에 가까운 객실 가동률을 기록하는 것 등이 바로 일드 매니지먼트다.

삼성에버랜드 리조트사업부 같은 경우에도 일드매니지먼트에 많은 노력을 쏟았다. 리조트 resort는 원래 고대 프랑스어의

resortir(반복적으로 방문하다)에서 유래된 단어로 심신의 휴식을 위해서 반복적으로 방문하여 일정 기간 동안 머물 수 있는 곳이다. 고객을 마치 자신의 집에 방문한 친구이자 손님으로 보면서 고객이 가장 많이 올 수 있는 시기와 놀이시설 그리고 가장 선호하는 상품과 음식 등을 분석·조사해서 제품이나 동선 등을 재조정하면서 수익성을 높이려는 노력이 뜨겁다.

예를 들어서 오후에 입장할 때와 야간에 입장할 때 가격이 다른 것도 일드 매니지먼트라고 할 수 있다.

에버랜드의 고객중심 서비스 혁신

...... 지금도 에버랜드는 고객이 보내준 SNS 스토리를 웹툰 〈에버툰〉으로 구성해서 소개하는 등 고객과 활발하게 소통하고 있다. 얼마 전 웹툰 스토리에 소개된 처음 에버랜드를 찾은 80세 할머니에게 퍼레이드 캐릭터가 달려가 포옹해줘 소녀 같은 미소를 짓게 한 훈훈한 사연을 보면서 잠시 예전에 내가 근무했을 당시의 에버랜드 정경을 그려보기도 했다.

CEO 허태학 대표가 부임했던 1993년 나는 참 운 좋게 높은 경쟁률을 뚫고 서비스아카데미 강사로 첫발을 내딛게 되었다. 내

인생의 첫 직장에서 평생 멘토로 삼을 만한 CEO를 만날 확률은 얼마나 될까? 입사 당시 자연농원은 새로운 변화의 물결로 출렁거렸다. 자연농원에서 에버랜드로 사명이 바뀌고 범국민적으로 친절운동을 전파한다는 비전 및 사명감과 함께 삼성에버랜드 서비스아카데미를 개원했다. 교육장은 몇 개, 어떤 형태로 만들지, 어떤 프로그램으로 범국민적으로 친절문화를 전파하고 에버랜드 직원의 고객 서비스 지수를 향상시킬지 밤낮없이 고민하고 파일럿 테스트하고 검증하고 실행하면서 성취의 참맛을 경험한 시기였다.

지금은 에버랜드의 인사법으로 자리 잡은 '핸드롤링'도 여러 번의 시행착오 끝에 탄생했다. 지금 되짚어보니 참 많은 기관과 함께 했다. 대법원을 비롯해서 서울지방법원, 국세청, 정부종합청사, 서울시 공무원 교육, 철도청, 대한무역진흥공사, 신라호텔, 조선호텔, 워커힐 면세점, 현대호텔, 하얏트 호텔, SK Telecom, 서울대학교, 경찰대학, 서울대학교 병원 등등 '고객 서비스 경영'의 중요성과 필요성을 느낀 앞선 조직의 방문이 끊이지 않았다.

일반적으로 최소 1박 2일로 진행하는 교육이어서 보통은 1일차 교육을 마치면 저녁식사 후에 에버랜드 테마파크를 살펴보았는데, 현장투어시간 이때 학습자들이 가장 많이 물어보는 것은 '직원들의 표정이 어떻게 이렇게 다 밝지요? 비결이 뭔가요?' 였다. 그 당시에는 '친절 마인드가 우수한 직원들을 뽑아서 그런 것 같습니다.' 라고 말하곤 했다.

　최고경영자의 서비스 철학, 서비스 마인드가 있는 우수한 직원 선발, 그리고 체계적이고 꾸준한 서비스 교육이라는 삼박자가 잘 맞아떨어졌기에 가능했다고 믿는다.

17
이상형에게 프러포즈 받기
고객의 러브콜을 받았는가?

여자친구의 반전 매력

...... '내 꺼인듯 내 꺼 아닌 내 꺼 같았던 여자친구'에게 프러포즈를 하고 싶다. 지난번 친구들과의 만남에서 여자친구의 내적인 아름다움을 재확인한 것이 아무래도 영향을 미친 듯싶다. 하지만 가장 결정적인 것은 '탱고'였다. 잘 꾸미지도 않고 수수해 보이기만 한 그녀에게 탱고를 함께 배워보자고 한 나의 제안에 내키지는 않아했지만 그러마 했고, 3개월 정도를 함께 배웠는데 그녀

의 몰입하는 모습에 반해버렸다.

거기에 '탱고나이트'에서 나타난 그녀는 내가 아는 그녀가 아니었다. 어깨가 살짝 파인 붉은색 드레스와 입술을 강조한 빨간색 립스틱이 이렇게 잘 어울리다니. 그녀의 '반전매력'에 사로잡혀 있는 내게 그녀가 건네준 것이 있었다. 바로 그것이 내가 그녀에게 프러포즈를 하기로 결심한 결정적인 것이다.

탱고연습을 할 때마다 겨드랑이에 땀이 많이 나서 고민이던 내게 그녀가 건넨 것은 러닝이었다. 일반적인 러닝과는 달리 겨드랑이 부분에 땀 흡수가 잘 되는 재질로 특수 제작된 특별한 러닝이었다. 러닝 세트 선물과 함께 건넨 카드에는 이렇게 적혀 있었다. '저는 당신의 모든 것을 사랑합니다.'라고….

자포스는 무엇이 다른가?

……누구에게나 상대를 좋아하게 된 계기와 이유가 있다. 마찬가지로 자신에게 소중한 것도 다양할 것이다. 지금 당신에게 가장 소중한 물건은 무엇인가? 지금 당장 내 손에서 사라진다면 가장 애타게 찾아 헤맬만 한 것. 바로 스마트폰이 아닐까 싶다.

얼마 전에 아찔한 경험을 했다. 친구와 밥을 먹고 주변 쇼핑을 한 후 계산을 하려는데 아뿔싸! 카드가 들어 있는 휴대전화가 내 손에 없었다. 친구에게 전화를 해보라고 했지만 몇 번을 해도 벨 소리조차 들리지 않는다. 갑자기 수많은 생각이 스쳐지나갔다. 우선 강의 스케줄 표와 교육담당자 및 지인의 연락처와 주고받았던 귀한 메시지들 그리고 매순간 추억하고 싶어서 남겼던 사진들까지 공기처럼 다 사라져버렸다고 생각하니 백업하지 않은 나의 게으름에 한숨이 절로 나왔다.

그때 친구가 갑자기 '아! 그 스시집?' 이라면서 전화를 걸어서 나를 바꿔준다. 떨리는 목소리로 '혹시 거기 휴대전화…' 까지 이 야기하자, 어떤 종인지 어떤 색인지 어디에 두었는지 기억하냐고 묻는다. 대답을 해주니 나보다 더 기뻐하는 음성으로 '네! 고객님 휴대전화는 저희가 안전하게 잘 보관하고 있으니 걱정 안하셔도 괜찮습니다!' 라고 한다. 그 음성이 어찌나 유쾌하고 편안한지 지금도 생생하다. 그날의 감동이 어찌나 진했던지 지금도 친구들을 만날 때는 가급적 그 집으로 가서 그때 그 직원과 이런저런 이야기를 나눈다.

내 강의에도 종종 등장하는 그 직원의 서비스 마인드는 다른 고객들에게 러브콜을 받을 만큼 자연스럽고 따뜻하다.

이런 직원을 두고 있는 조직은 행운이다. 이런 훌륭한 직원을 뽑는 것도 조직의 능력이다. 고객 서비스하면 빠지지 않는 기업이 있다. 바로 '자포스' 다. 1999년에 설립된 온라인 소매업체 자포스는 고객 지원과 서비스에 대해 새로운 기준을 세웠다. 자포스의 10가지 핵심가치 중 첫 번째 가치는 서비스를 통해 고객에게 놀라움을 제공하는 것이다. 참 마음에 든다.

고객 서비스 담당자는 자포스를 이용하는 고객이 좋은 경험을 할 수 있도록 모든 수단을 동원한다. 고객에게 꽃을 보내거나 고객이 원하는 제품을 찾기 위해 몇 시간씩 통화하는 것도 가능하다. 만약 고객이 필요로 하는 제품의 재고가 없을 경우, 담당자는 경쟁업체에서 해당 제품을 주문하고 고객에게 약속된 시간에 도착할 수 있도록 선적하여야 한다. 2009년 아마존이 자포스를 인수할 당시, 아마존은 자포스의 서비스 가치가 11억 달러에 달한다고 생각했다. 현재 자포스의 총매출액은 매년 10억 달러가 넘는다. 또한 수천 가지의 의류와 신발 브랜드를 판매하고 있으며 고급 명품 의류부터 평상복에 이르기까지 제품 구색도 다양하다.

왜 빅데이터인가?

......요즘에는 기상천외한 앱 덕분에 고객들은 즐거운 비명을 지른다. 화장을 못하는 여성을 위해 맨 얼굴에 섹시하게 또는 자연

스럽게 화장을 해주면서 어떤 스타일의 화장이 어울리는지 확인시켜주는 앱부터 코디감각을 키워주는 앱도 생겼다. 기본 아바타에 헤어스타일부터 상의 그리고 하의에 액세서리 구두까지 직접 코디를 하면 나중에 우승자를 가리는 재미까지 있다. 곧 미래영화에서 본 것처럼 기계를 얼굴에 갖다가 대기만 하면 눈 깜짝할 사이에 화장이 뚝딱 되는 시대가 올 것 같다.

신문을 보니 삼성전자가 차세대 디스플레이로 각광받고 있는 '미러 디스플레이' 제품을 처음으로 선보였단다. 설치된 55형 미러 디스플레이는 거울 용도 외에도 미용 및 헤어 관련 정보를 실시간 제공하며 다양한 멀티미디어 서비스를 제공한다. 특히 거울의 특성을 활용한 맞춤형 헤어 컨설팅을 제공해, 다양한 헤어 스타일링을 가상으로 경험할 수 있다. 이 시스템은 헤어숍뿐만 아니라 의류 매장 등 거울이 필수인 사업장에 혁신적인 제품이 될 것이다. 이로서 혁신적인 다양한 신제품을 통해 우리 고객들의 미래 라이프 스타일에도 커다란 변화가 오기 시작했다.

몇 년 전에 센세이션을 일으켰던 '킬로패션'을 들어본 적이 있을 것이다. 패션계의 이단아로 불렸던 킬로패션은 2011년 밀라노 중심 쇼핑가에 오픈한 이후 선풍적 인기를 구가했다. 세일 2주 동안 판매 수량만도 3만여 개라고 하니 상상 이상이다. 독특한 콘셉트와 판매방식으로 소비자의 호기심을 자극한 경우다. 저울로 무게를 달아서 옷값을 결정하다니 그것도 패션의 중심가인 밀라노 한복판에서 말이다.

저울로 무게를 달아 옷값을 결정하는 혁신적인 아이디어로 청바지, 남방 등 옷의 종류에 따라 단위 가격이 다르다. 품질 또한 Good, Better, Best 3단계로 구분해서 아이템과 질에 따라 무게별 가격을 분류했다. 브랜드나 원재료와는 관계없이 무조건 옷값은 저울이 결정한다.

일반 매장 대비 70~80% 정도의 파격적인 가격은 물론, 자신에게 어울리는 숨겨진 고품질의 옷을 찾는 재미까지 주는 기발한 접근이었다. 재미와 호기심을 유발하고 식상함을 방지하기 위해서 한 장소에서 매장을 운영하는 기간은 길어야 8개월 정도다. 내가 특히 킬로패션에 주목하는 이유는 독특한 콘셉트와 재미도 있지만 획기적인 고객과의 소통방식이다. 변화를 추구하며 끊임없이 새로운 것에 목말라하는 고객들을 위한 새로운 소통운영이 킬로패션의 매력이라고 생각한다.

고객에게 놀라움을 제공하라

......고객 서비스 마인드가 있는 직원이 있는 조직은 날개를 단

것과 다름없다. 이런 훌륭한 직원을 선별하기 위한 시스템 정착은 이제는 선택이 아니라 필수가 되었다.

'삼성에버랜드'나 '자포스'처럼 고객 지원과 서비스에 대한 확실한 비전과 철학 그리고 명쾌한 기준이 있어야 고객에게 프러포즈를 받을 수 있다.

'서비스를 통해 고객에게 놀라움을 제공하는 것'이 자포스의 첫 번째 핵심가치인 것처럼 고객이 좋은 경험을 할 수 있도록 빅데이터를 이용해서 최고의 효율을 만들고 거기에 직원의 감성이 조화롭게 융화되어야 한다. 그렇지 않으면 경쟁업체는 우후죽순으로 생기고 결국은 '그 밥에 그 나물'이 되어 고객의 마음속에서 점점 멀어지게 되는 그냥 그런 조직이 되고 만다는 사실을 명심하자.

18

가짜 이상형과 헤어지기

충성고객은 어떻게 구분하는가?

여자친구가 내 뒤통수를 친다면?

......프러포즈까지 하려고 했던 여자친구가 이중인격으로 보인다.
우연히 전화 통화하는 것을 듣게 되었다. "지금 남자친구가 왜 좋
냐구? 글쎄, 잘 모르겠어!" 이 말을 들으니 허탈해지면서 정신이
몽롱해진다. 나를 좋아하는 이유가 단 하나도 없다니! 프러포즈하
려고 반지까지 주문해놓았는데…. 과연 친구에게 한 그녀의 말이
진심일까? 직접 물어봐야 하나? 말아야 하나? 진정한 인생의 동반

자를 알아보는 길은 이렇게 길고도 험난하다. 하지만 다행이다. 이제라도 여자친구의 본심을 알게 되어서 말이다. 만일 그것이 진심이라면 마음이 찢어지겠지만 그녀와는 굿바이를 할 참이다.

버거킹 vs 친구

...... 당신은 커피를 마실 때 싸고 양이 많은 쪽을 택하는가 아니면 비싸더라도 질 좋은 쪽을 택하는가?

사람마다 선택 기준은 다를 것이다. 브랜드와 기업 마케팅도 커피를 선택하는 기준과 비슷하다. 많은 고객을 모으려는 브랜드와 진짜 고객만을 가려내는 브랜드. 당신은 양과 질 중 어느 쪽을 택했는가? 얼마 전에 기사를 통해본 충성도 높은 고객을 택한 버거킹 노르웨이의 페이스북 사례가 흥미롭다. 이름하여 '버거킹-와퍼 셀아웃Burger King - Whopper Sellout' 캠페인이다.

2009년 버거킹이 미국에서 진행한 페이스북 캠페인 '와퍼 새크리파이스Whopper Sacrifice'를 기억하는 사람들이 있을 것이다. 페이스북 계정을 보유한 사용자가 친구 10명과 관계를 끊으면 와퍼를 공짜로 먹을 수 있는 쿠폰을 제공하는 이벤트였는데, 그 당시 '친구보다 버거킹이 더 중요한가' 라는 이슈를 불러일으키며 놀라운 바이럴 마케팅^{viral marketing} 효과를 만들어낸 캠페인이다. 바이럴 마케팅은 누리꾼이 이메일이나 다른 전파 가능한 매체를 통해 자발적으로 어떤 기업이나 기업의 제품을 홍보하기 위해 널리 퍼뜨리는 마케팅 기법으로, 컴퓨터 바이러스처럼 확산된다고 해서 이러한 이름이 붙었다. 바이럴 마케팅은 2000년 말부터 확산되면서 새로운 인터넷 광고 기법으로 주목받기 시작했다.

진정한 팬을 가려내려는 버거킹의 실험은 여기서 끝이 아니었다. 2013년 12월, 버거킹 노르웨이는 브랜드에 대한 진정한 충성도를 지닌 팬을 가려내기 위한 또 한 번의 캠페인을 진행했다. 당시 버거킹 노르웨이의 팬 수는 약 3만 8,000명이었다. 문제는 이들이 모두 진정한 팬은 아니라는 것. 기업 페이스북 페이지를 좋아하는 사람이라면 대부분 뭔가를 바라는 것이 당연하지만 공짜 쿠폰에만 집중하는 가짜 팬으로 인해 브랜드를 열렬히 사랑하는 팬에게 혜택을 돌려주기가 어려웠다. 이러한 점에서 버거킹 노르웨이는 '와퍼 셀아웃^{Whopper Sellout}' 캠페인을 착안했다.

이 캠페인은 공짜 햄버거의 유혹에 넘어가지 않고 버거킹의 진정한 팬으로 남을 것인지 팬의 자격을 버리고 공짜 햄버거를 선택할 것인지를 페이스북 팬이 직접 선택하도록 했다. 그리고 자신이 가짜 팬임을 인정하면 페이스북 팬 삭제와 동시에 경쟁사 브랜드인 맥도날드의 '빅맥' 공짜 쿠폰을 제공했다. 이 캠페인이

대담함을 넘어 대범한 시도였음을 보여주는 맥락이다.

그 결과 버거킹 노르웨이는 3만 명의 허수 팬을 가려내고, 8,481명의 진짜 열성 팬을 찾아냈다. 캠페인 직후, 페이스북 인게이지먼트 수치는 팬 수가 많았던 캠페인 전과 비교해 무려 5배 상승하면서 성공적인 캠페인임을 입증했다. 브랜드가 얼마나 많은 고객과 소통하는가도 중요한 부분이지만, 강한 로열티를 가진 고객을 확보해 그들을 브랜드 홍보 대사로 만드는 일이 장기적으로 더 큰 강점이 될 수 있다.

가짜 충성고객은 어떻게 구분하는가?

......충성도가 높은 진정한 고객을 구분하는 것은 간단하지 않다. 하지만 기업에 혼란을 주는 가짜 충성고객을 가려내는 것은 이윤 창출을 위해서도 중요하고 진정한 충성고객을 위해서도 중요하다.

충성도가 어중간한 고객은 자신이 '충성고객'임을 강조하면서 빈번하게 가격인하를 요구하고 고객접점직원들과 마찰을 자주 일으키는 반면, 수익성이 높은 고객은 가격협상 주도권 등에는 별로 관심이 없는 편이다. 또한 진정한 충성고객은 높은 애착관계를 갖고 거래가 빈번하지만 가짜 충성고객은 거래가 빈번한 것 같지만 주로 프로모션이 있을 때만 거래하는 등 낮은 애착관계를 갖고 있었다.

그렇다면 여기에서 궁금한 점이 생긴다. 고객 충성도가 높을수록 높은 가격을 받는데 유리할까? '고객 충성도가 가격결정에 미치는 영향에 관한 연구' 에 의하면 결론은 '그렇지 않다' 충성도가 높은 고객은 가격 협상할 때 판매직원에게 1차 사은할인을 받아 로열티가 유지되거나 향상된다는 사실이 입증되었기 때문이다. 하지만 고객이 주도적으로 가격 인하를 압박하는 상황이 자주 발생한다면 이것은 '로열티 디스카운트' 효과로 볼 수 있다.

결국 고객의 디스카운트에 대한 태도를 보면 충성고객과 가짜 충성고객의 구분이 어느 정도는 가능하다. 나도 가끔은 가짜 충성고객이 되곤 한다. 마음에 드는 주얼리가 있는데 마침 추가할인을 하면 주저 없이 사지만, 추가할인은 특정고객으로 한정된다고 하면 사고 싶은 마음이 싹 사라진다. 만일 진정한 충성고객이라면 어땠을까? 아마도 그런 추가할인 등과는 상관없이 마음에 드는 그 주얼리를 구입했을 것이다. 혹은 자신도 이 주얼리 브랜드에서 그런 특별대우를 받는 고객이 되고 싶기도 하면서 이런 시스템이 평등하다고 느낄 수 있을 것이다.

창립 6주년을 맞은 소셜커머스 티몬의 구매력이 높은 'VIP'

회원은 빠르게 늘어나는 추세다. 빅데이터 조사 결과에 의하면 티몬의 VIP 이상 회원의 비중은 2015년 6월 13만 명을 기록했으나 매달 빠르게 늘어 2016년 3월 기준으로 24만 명에 달했다. VIP 등급 회원은 한달 평균 24회 방문해 18만 원씩을 지출했다.

이렇게 성장한 이유는 기존 저연령층의 반값 할인채널을 넘어서 삶과 밀접한 대부분의 상품을 빠르게 제공하는 생활밀착형 서비스로 진화했기 때문으로 나타났다고 한다.

고객은 단순히 자신의 목적뿐 아니라 그를 위한 여정에서의 경험에 기대를 갖고 있다. 고객 여정을 통해 원하는 것을 달성할 수 있는 경험을 만들어주는 것이 서비스다.

82%의 고객이 안 좋은 고객경험 때문에 브랜드를 이용하지 않겠다는 생각을 하고 있다면 고객접점직원의 무성의나 무관심 또는 하드웨어 측면에서 브랜드에 대한 충성도를 떨어뜨려 고객을 밀어내는 것이다. 그렇기 때문에 수많은 고객 MOT 접점을 파악하고, 구매결정까지의 프로세스를 잘 관리해야 고객중심의 혁신 서비스가 가능하다.

특히 충성고객에게 기억에 남을 만한 놀라운 고객경험을 만들기 위해서는 해당 고객과 관련된 콘텐츠를 제공해야 한다. 고객 개개인에게 특별한 관심이 스며든 개인화를 통해 유용하다 느낄 정보를 줘야 한다. 결국 고객은 모두 개개인이다.

요즘 같은 경우에는 빅데이터를 모아서 관심과 정성을 다해서 세심하게 고객을 관찰하다 보면 지속적이고 연속된 경험을 발견할 수 있기에 바로 그것을 제공하는 것이 관건이다.

맥락적 소통이 가능한가?

......고객 서비스 분석가는 고객의 동선에서 흩어진 MOT를 찾아 이를 어떻게 연결할지를 고민해야 한다. 어느 고객이 무엇에 관심을 갖고 터치 포인트에서 어느 시점까지 가는지 알지 못하면 고객중심이 아닌 것이다.

하드웨어 측면에서는 고객의 동선을 최소화 하면서 안락하게 쇼핑을 즐길 수 있도록 하고 여정의 단계를 간소화하는 자동화를 통해 안정감을 주고, 고객 패턴을 분석해 행동과 니즈를 파악하여 내·외부 데이터를 활용한 선제적 개인화로 다가가는 소프트웨어 측면의 고객중심 서비스가 필요하다. 거기에 화룡점정은 바로 고객의 현재 감정을 확인하고 추가적인 욕구파악을 하면서 자존심을 중시하는 유쾌하면서도 맥락적 소통이 가능한 고객접점 직원의 소통능력이다.

제7장

고객과
결혼하기

19

이상형과 결혼하기
매혹적인 서비스 DNA는 복제 가능한가?

이렇게 심장이 콩닥거릴 수 있는가?

······ 여자친구가 했던 '잘 모르겠어'라는 의미를 직접 물어보기
로 했다. '자기 친구가 내가 왜 좋냐고 물었을 때 잘 모르겠다고
한 말을 우연히 들었어. 서운하더라'라고 운을 떼니, 여자치구가
의외로 태연하고 정갈하게 대답한다. 여자친구의 말을 들으니 괜
한 오해를 했지 싶다. 누군가 '그 사람을 왜 좋아하냐고 물을 때,
조목조목 이유를 말할 수 있다는 것은 그 사람을 진짜로 좋아하

는 것이 아니라고 생각해! 그냥 당신을 생각하면 보고 싶고, 잘 있는지 궁금하고, 좋은 거 있으면 함께 하고 싶거든!' 이런 말에 이렇게 심장이 콩닥거릴 줄 미처 몰랐다.

서비스 DNA를 복제할 수 있을까?

...... '미치도록 훌륭한' 이라는 말을 자주 썼던 스티브 잡스의 사망소식을 접한 건 뉴욕에 있을 때였다. 다운타운 소호지역에서 친구를 만나고 있었을 때 소호 애플지점 앞에 아름다운 꽃다발을 든 스티브 잡스의 열렬한 팬들의 행렬이 줄을 이었다. 스티브 잡스가 미국인에게 어떤 존재였는지를 생생하게 느낄 수 있었다. 나 또한 꽃다발을 바치며 인류에 그가 기여한 부분을 감사해하면서 명복을 빌었다.

스티브 잡스 하면 떠오르는 사람은 바로 빌 게이츠다. 지난 30여 년간 세계 IT업계 패권을 놓고 치열했던 스티브 잡스 애플 공동창업자와 빌 게이츠 전 마이크로소프트 회장의 관계는 유명하다.

1955년생 동갑내기인 두 사람은 70년대 후반부터 애증관계를 이어왔다는 기사를 봤다. 스티브 잡스는 80년대 초반 매킨토시를 개발할 때 빌 게이츠에게 손을 내미는 등 사업 초기 두 사람은 공생관계였다. 빌 게이츠는 매킨토시용 스프레드시트 프로그램(현재 액셀에 해당)을 만들었고 이 제품은 매킨토시 성공에 큰 공을 세웠다. 그러나 둘의 관계에 금이 가기 시작한 것이 바로 직후였다. 매킨토시가 사용한 그래픽유저인터페이스GUI 운영체제와 비슷한 형태의 '윈도' 운영체제를 MS에서 만들어냈기 때문이다. 스티브 잡스는 MS가 애플을 모방했다고 비난했지만 게이츠는 애플도 제록스연구소 것을 베꼈다며 맞불을 놓았다. 결국 IT업계의 최고봉들도 벤치마킹을 통해 창조를 도모했다. 여기서 우리가 주목할 것은 단순한 베끼기는 세간의 질타를 받지만, 모방한 것에 자신만의 창조 DNA가 융화되면 이야기가 달라진다는 점이다. 결국 매혹적인 DNA는 복제되는 것이 아니라 스스로 창조하는 것이라는 말이다.

벤치마킹은 강물의 높낮이를 측정할 때 수준 또는 기준점을 의미하는 관측용 표식benchmark이라는 공학적 용어에서 유래되었다. 빌 게이츠는 '애플도 제록스연구소 것을 베꼈다'고 했는데, 사실 제록스도 1979년 일본의 저가 복사기를 벤치마킹했다. 그것이 바로 벤치마킹의 효시라는 사실을 아는 사람은 많지 않은 것 같다.

서비스 프로세스의 벤치마킹의 절차는 보통 7단계로 나눈다.

1. 서비스 프로세스의 문제점을 파악한다.

2. 그 문제를 해결한 기업을 조사하고 선택한다.

3. 선택한 기업을 방문해서 학습하고 자료를 수집한다.

4. 서비스 프로세스를 비교하여 성과 차이를 규명하고 분석한다.

5. 자사의 서비스 프로세스에 도입할지를 결정한다.

6. 새로운 서비스 프로세스를 디자인하고 실행한다.

7. 결과에 대하여 피드백한다.

창의적이고 혁신적인 고객 서비스

......가로수길에서 호기심이 생기는 팝업스토어를 발견했다. 몇 년 전 뉴욕에 머물렀을 때는 팝업스토어뿐만 아니라 팝업트럭이나 팝업카도 꽤 많이 경험했다. 팝업카에서 아름다운 장미에 자사 제품 브랜드가 찍힌 캔디를 묶어서 고객에게 주거나 명품 브랜드의 로고로 장식한 앙증맞은 차가 돌아다니면서 브랜드를 홍보하기도 한다.

또 티파니 같은 경우에는 VIP 고객을 초대해서 금가루가 뿌려진 마카롱을 제공하기도 하고 고객의 손목에 금가루 타투를 정성스럽게 해주는 이벤트를 패션쇼와 함께 한다. 물론 우리나라에서도 유사한 이벤트가 있었겠지만 뉴욕을 갔다와 보니 눈에 띄게 팝업행사나 론칭파티 등이 유쾌하고 재미있게 발전했다는 느낌이다.

초록색 벽에 ATM처럼 생긴 기계만 설치되어 있을 뿐 사람이 안 보인다. 동행한 친구가 '우리 한 번 해볼까?' 한다. 그걸 보면서 이 업체가 일단은 고객의 흥미를 유발하는 데 성공했다는 생각이 들었다. 하다 보니 재미가 있다. 내가 원하는 퍼프도 고를 수 있고, 케이스디자인도 스스로 선택하는 재미를 주었다. 다 선택하니 출력종이가 나온다. 옆에 숨어 있다시피 한 문으로 들어가니 작은 매장에 직원 2명이 우리에게 출력종이를 받은 후 내가 선택한 퍼프를 선물로 준다. 흥미롭다. 사실 이전에는 한 번도 이 브랜드를 사용해 본 적이 없었는데 서비스 마케팅 아이디어도 신선하고 더 중요한 점은 직원들의 MOT 고객응대가 자연스럽고 경쾌하다는 것이다. 퍼프를 써보니 괜찮기에 다음에는 이 브랜드 제품을 한번 사용해야겠다는 생각을 했다. 역시 나를 포함해서 고객은 작은 새로운 변화에도 흔들리는 갈대다.

'얼굴은 CEO를 바라보고 고객에게는 엉덩이를 들이대는 조직이 염려스럽다'라고 말한 사람이 있다. 바로 잭 웰치다. 직원이 상사에게 잘 보이는 데만 전념을 하는 조직은 망한다. 직원이 고객을 진심으로 바라볼 때 비로소 조직은 춤출 수 있다.

소식하는 고령자를 위해 소포장 판매를 하는 곳이 있다. 삼겹살 3점, 생선회 3점, 김밥 1알 등 고객이 원하는 제품을 파는 것, 그리고 고령자를 위해 500엔짜리 도시락을 직접 배달함으로써 주민들에게 만족과 행복을 준다는 평을 듣고 있는 일본의 다이신 배달도시락의 좋은 점도 벤치마킹할 만하다. 고객의 러브콜을 받는 조직의 진정한 성공비법은 무엇일까? 바로 고객이 행복해야 기업도 행복할 수 있다는 사실을 명심하고 실천한다는 것이다. 고객을 행복하게 만드는 것이 바로 조직이 성공하는 지름길인 셈이다.

〈월스트리트저널〉에도 나왔듯이 고객이 앉아서 제품을 볼 때서서 제품을 볼 때보다 40% 더 많은 지출을 한다. 그래서 백화점에 가면 직원이 고객을 어떻게 해서든 의자에 앉히려고 한다. 하지만 고객이 앉고 싶도록 분위기를 만들어야지 무조건 앉히려는 느낌을 주면 역효과임을 명심하자.

뉴욕에 있는 클럽 모나코 같은 경우도 그런 콘셉트를 잘 아는 매장이다. 모던한 기존 뉴욕스타일의 콘셉트에 낭만과 지성의 차별화 전략을 넣었다. 벽을 서재로 꾸미고 꽃가게와 커피숍을 함께 조성하면서 지역명소로 거듭났다. 고객의 감성을 사로잡은 것이다.

네덜란드 수트 브랜드인 '수트서플라이'도 매장 중앙에 오픈

수선실을 배치함으로써 매장에 있는 고객을 수트 애호가로 인식시키면서 다른 고객과 소통할 수 있도록 하는 고도의 감성전략을 활용해서 성공한 케이스다. 자신의 슈트가 수선되는 과정을 지켜보면서 매장에 할 일 없이 머무는 것이 아니라 스스로 슈트를 귀하게 여기는 핵심고객으로서의 느낌까지 선물하는 것이다.

고객을 사랑하는 조직이 사랑받는다

⋯⋯매혹적인 서비스는 복제할 수 없다. 기본 틀은 복제할 수 있어도 그 틀이 매혹적이 되려면 자신만의 특별한 서비스 철학과 창조 DNA가 융화되어야 한다.

'얼굴은 CEO를 바라보고 고객에게는 엉덩이를 들이대는 조직이 염려스럽다' 라는 잭 웰치의 말처럼, 직원이 상사에게 잘 보이는 데만 전념하는 조직이 아니라 직원이 고객을 진심으로 바라보면서 고객의 작은 불편함도 걱정하고 고객이 미소 지을 수 있도록 노력하면서 그 모든 프로세스를 자랑스러워하는 직원이 있다고 생각해보자. 그런 직원이 있는 그런 따뜻한 조직에 고객의 러브콜이 가는 것은 너무나 자연스러운 것이 아닐까!

학교 입장에서 고객은 '학생' 이다. 학생들의 불명확한 꿈과 희망을 '멘토'를 통해 구체화시켜 비전과 인생 로드맵을 세우도록 도와주는 창의적인 '멘토 프로그램'으로 다른 대학교의 벤치마킹 대상이 된 학교가 있다. 바로 숙명여자대학교다.

초창기였던 2003년 즈음에 멘토 프로그램에 자문 멘토 교수로 합류할 수 있었던 것은 참 행운이었다. 당시 삼성전자 인재개발원 연구원장이었고 현재 앰배서더호텔그룹 경영지원실 대표인 안승준 부회장 덕분이다.

지금까지도 숙명여대 멘토 프로그램이 발전할 수 있었던 것은 인생의 등대처럼 자신이 속한 분야의 전문적인 지식뿐 아니라 삶의 지혜를 멘티에게 아낌없이 주는 멘토 교수는 물론, 당시 이경숙 총장의 비전을 바탕으로 멘토링 프로그램을 총괄 운영했던 당시 취업경력개발원 강정애 원장(현재 숙명여대 총장)의 뜨거운 열정 덕분이다.

미래를 위한 밑그림을 그리는 멘티인 학생에게 멘토가 인생 선배로서 살아 있는 삶의 지혜와 현장 경험을 아낌없이 전해줄 수 있도록 '멘토링'이라는 흔들리지 않는 시스템을 적극적이고 창의적으로 도입한 것은 당시로서는 혁신이었다.

그 멘토링 혁신의 방향에 한 배를 탈 수 있었기에 지금까지도 내 생일을 챙겨주는 멘티들이 있다. 꽃다운 20대였던 멘티가 지금은 애엄마가 되어 같이 나이 들고 있구나 느낄 때 그리고 내가 그들의 나이테에 조금이나마 도움을 줬다는 생각에 기분이 좋아진다.

그리고 선배 멘티가 후배 멘티에게 긍정적인 영향을 줄 때마다 기분이 참 좋다. 멘토링이 선순환했기 때문이다. 멘토링은 참 힘이 세다. 우리 사회의 밝은 미래를 여는 성장 동력이 되기 때문이기도 하지만 멘토링을 통해 학생들의 모교사랑이 더 단단해지고 커졌기 때문이다.

우연히 잡지에서 '이마트는 이제 라이프 셰어Life Share 기업이다' 라고 강조하는 정용진 신세계그룹 부회장 인터뷰 기사를 본 적이 있다. 인상적이었다. 그 말이 어떤 철학에서 나온 것인지 알기 때문이다. 이제는 고객의 일상을 점유하는 라이프 셰어를 하지 못한 체, 시장점유율만 따져서는 유통업의 미래가 없다는 의미다.

고객의 시간을 점유하기 위해서는 고객에게 감성을 자극하는 다양한 체험을 제공해야 한다. 그래서 기획되고 탄생한 것이 바로 이마트타운과 국산의 힘 프로젝트 등이다. 이마트타운은 고객의 체류시간이 3시간 정도로 보통 마트의 3배다. 이런 전략이 가능하도록 효자 역할을 톡톡히 한 것이 있었으니 다름 아닌 100% 직영으로 운영하면서 그저 한 끼 식사를 때우는 일반 푸드코트가 아닌 먹는 즐거움이 공존하는 '피코크 키친'이다. 그의 고객철학

중 가장 공감이 가는 내용은 고객들이 기꺼이 방문할 수 있는 매력적인 '이유'를 기업 입장에서 충분히 고민해 플랫폼을 만들어야 한다는 것이다.

'피코크'는 우리 집 냉장고에 가장 많은 자리를 차지하고 있는 브랜드이기도 하다. 정용진 부회장의 SNS에도 자주 등장하는 것으로 이마트에서 맛을 최우선의 가치로 삼고 개발한 700여 개의 다양한 상품 브랜드다. 1,000억 원 매출을 바라보는 피코크의 성공으로 한식의 세계화에 불이 더 빨리 당겨질 것 같은 예감이 든다. 자신에게 영감을 주는 모든 장소와 음식을 기꺼이 선생님이라고 말하는 정용진 부회장의 낮은 자세부터 고객에게 방문할 수 있는 매혹적인 '이유'를 주지 않으면 기업의 존재 가치는 없다는 그의 명확한 철학이 앞으로 얼마나 더 큰 시너지를 낼지 기대가 된다.

20

행복한 결혼의 비결

창의적인 컬래버레이션으로 브랜드 가치를 높이는가?

행복한 결혼의 비결은 무엇인가?

...... 얼마 전에 환갑을 맞은 큰언니. 요즘에는 환갑을 축하하기
에는 조금 민망하다. 너무 젊고 활동적인 나이이기 때문이다. 가
볍게 가족들끼리 모여 식사를 하면서 한마디씩 돌아가며 했다.

　나는 언니 이름으로 삼행시를 지어 선물했다.

박 : 박수 받아 마땅한 멋진 60년을 살아온 언니는

영 : 영원히 제가 존경하는 저의 롤모델입니다.

주 : 주는 것이 받는 것보다 행복할 수 있음을 결혼생활에서 생생하게 보여준 언니, 고맙습니다!

내 차례가 끝나고 형부 차례가 되었다.

"당신에게 참 고마워. 그리고 축하해. 인생은 60부터야. 사실 오늘 축하인사를 많이 연습해두었는데 생각이 잘 안 나네! 이제 애들도 거의 다 키웠고, 집도 살 만해졌으니 지금부터 당신과 행복하게 잘 살고 싶었는데…." 하면서 갑자기 목소리가 떨리면서 가늘어지더니 울음을 가까스로 참고 있는 형부가 느껴졌다. 좀처럼 가족 앞에서 약한 모습을 보이지 않던 형부가 왜 이러는지 짐작한 것은 나뿐이었다.

사실 얼마 전에 언니에게 형부가 암 판정을 받았다는 소식을 들었다. 언니의 눈가에 눈물이 고여 있었다. 믿고 싶지 않은 그 사실에 형부를 너무 사랑하는 언니가 먼저 쓰러질까봐 겁도 났다. 애들도 알고 있냐고 물으니 아직 알리지 않았다고 했다.

결국 언니의 환갑 날 가족 모두 알게 되었고, 웃음이 가득해야 할 그날 울음이 대신하고 말았다. 하지만 그로부터 며칠 후 언니는 예전보다 더 활발하고 에너지 넘치는 사람으로 돌아왔다.

"내가 생각이 너무 짧았지! 네 형부에게 지금 가장 필요한 것은 울음이 아니라 '긍정 에너지' 일 텐데, 나부터 정신을 바짝 차려야지! 암에는 스트레스 없는 규칙적인 자연생활이 제일 중요하다고 하더라. 소나무와 편백나무가 있는 산에 오르는 것도 좋다고 하는데 이번 주에 우리 근처 산에 함께 갈까? 언니가 맛있는 과일 준비할게."

언니의 이런 노력덕분일까? 형부의 진단 결과, 암이 다행스럽게도 다른 부위로 전이가 되지 않고 있다는 기쁜 소식을 들었다.

모든 일이 술술 풀릴 때 사이가 좋은 것은 어찌 보면 자연스러운 일이다. 하지만 부부 사이에 장애물이 있을 때 행복을 유지할 수 있다는 것은 서로의 대단한 노력이 숨어 있다. 오랜 결혼생활에도 행복한 부부들은 주체하기 힘든 몇 차례의 고비와 맞닥뜨리면서도 서로의 노력으로 긍정에너지를 유지한다는 공통점이 있다.

충성고객이 황혼이혼을 요구할 때

......부부가 함께 행복한 노후를 맞이하고 싶은 것은 어느 커플에게나 꿈이지만 현실적으로 2015년 혼인 · 이혼 통계자료에 의하면 혼인지속기간 30년 이상 황혼이혼도 9.6%로 꾸준히 증가하고 있다. 황혼이혼은 노후 파산의 주원인이 되는데 사실 하류로 전

락한 노인 중 상당수가 젊은 시절 열심히 벌어 쓸 만한 노후자금
이 있었지만 황혼이혼을 당하고 하류노인이 된 경우가 많다고 한
다. 결국 노후를 행복하게 보내려면 황혼이혼을 당하기 전에 서
로 현재 상태를 자주 파악해야 한다.

결혼 전엔 각자의 백지 위에 인생 그림을 그렸다면, 결혼은 이
미 그려진 2장의 그림을 바탕으로 새로운 도화지에 새로운 형태
의 그림을 수정·보완하는 작업이다. 그러니 서로가 원하는 그림
이 되려면 끊임없이 소통하고 한 발짝 떨어져서 그 그림을 감상
하며 무엇이 좋고 부족한지 성찰하는 시간이 필요하다. 그 단계
를 끊임없이 반복해가며 색을 칠하다 보면 어느새 그윽한 느낌이
묻어나는 '명화'가 되는 것이다.

고객과의 결혼도 마찬가지다. 행복하게 오랫동안 영위하기 위
해서는 지금까지 함께 했던 충성고객이 떠나가지 않도록 해야 한
다. 조직을 지탱하게 해준 충성고객이 황혼이혼을 요구하는 비율
이 높아지는 순간, 조직은 파산의 시기가 다가오는 것이다. 고객
에게 이별권고를 당하는 순간 이윤 창출이 목표인 기업의 존재는
더 이상 무의미해진다.

그렇다면 고객에게 황혼이혼을 당하지 않으려면 어떻게 해야
하는가? '매너리즘'에 사로잡히지 말고 끊임없이 새로움을 추구
하면서 '매혹 DNA'를 발산해야 한다.

평일에 한적하게 차 한 잔 하려고 동네 커피숍을 들렀다. 늘 조용하던 2층이 그날따라 많은 손님들로 붐볐다. 바자회를 하는 중이었다. 주인에게 이야기를 들어보니 평일에 2층이 늘 텅텅 비어 바자회 행사장으로 자주 대여한다고 한다. 바로 '컬래버레이션'이다. 최근 들어 생각지도 못한 '협업'이 대세다.

협업Collaboration이란 사전적으로 여러 개의 기업이 제품 개발, 원자재 구매, 생산, 판매 등에서 각각의 전문적인 역할을 분담하여 상호보완적으로 제품을 개발·생산·판매하거나 서비스를 제공하는 것을 의미한다.

스웨덴의 SPA 브랜드인 H&M과 프랑스 명품브랜드 마르니Marni와 협업을 통해 명동에 선보인 'Marni at H&M' 컬렉션 때문에 론칭 첫날은 줄서서 기다리는 사람들로 옴짝달싹할 수 없었던 기억이 난다. 부담 없는 가격의 브랜드와 고가의 명품 브랜드가 협업을 할 수 있다는 발칙한 상상을 예전에는 못했지만 지금은 공공연하다. 왜냐하면 협업의 결과와 마케팅 포인트가 빠른 시간 내에 결과를 보이기 때문이다.

티파니는 구겐하임미술관 등 해체주의적 건축물을 선보여 온 건축가 프랭크 게리Frank Gehry와 컬래버레이션을 하면서 조형미가 살아 있는 목걸이 등의 컬렉션을 발표해서 화제를 모았다.

스타벅스도 패션디자이너 알렉산더 왕과 함께 창립 40주년 기념 티셔츠를 한정판매하면서 스타벅스 매장을 문화공간으로 고객들에게 인식시키기 위한 전략을 선보였다. 어디 그뿐인가? 나이키는 애플과 협업을 함으로써 운동한 거리와 시간 그리고 칼로리 소모량을 기록 가능한 아이팟 스포츠 키트를 개발하기도 했다.

이런 기발한 아이디어는 건강한 몸과 마음에서 비롯된다. 동원그룹 박인구 부회장의 별명은 '쇳덩어리' 다. 축구를 즐기는 그는 '축구와 경영은 스피드와 협력, 예측 불가능성 등의 측면에서 일맥상통하는 점이 많다' 고 말한다. 또한 패스에서도 상대방이 받기 편하도록 주는 일명 '서비스 정신' 이 필요함을 강조했다. 제품에서도 고객에게 매력을 전달할 수 있도록 다양한 방법을 모색했는데 대표적으로 아트컬래버가 있다. 동원 F&B의 덴마크 우유는 명화와 컬래버레이션을 활용해 고급스러운 이미지로 만들어낸 아트컬래버의 성공사례로 알려졌다.

'세계는 지구촌' 이라는 말이 점점 실감되는 요즘이다. 명동을 나가면 여기가 한국인지 중국인지 헷갈릴 정도로 중국인 관광객이 많다. 중국은 이제 우리의 중요한 타깃 고객층이기도 하다. 그렇기 때문에 우리나라 고객을 대상으로 하는 고객 서비스 전략과 중국 고객을 대상으로 하는 것은 '문화의 이해' 를 바탕으로 첨예하게 차별화해야 한다.

이랜드그룹은 지난해 중국 상하이에 진출한 자연별곡이 진출

100일 만에 매출 20억 원(1,062만 위안)을 돌파하면서 하루 평균 1,000여명의 고객이 찾는 명소로 만들었다. 중국 고객의 마음을 사로잡은 비결은 무엇일까?

이랜드그룹은 중국 자연별곡의 방향을 '만한전석滿韓全席'으로 정했다. 중국 역사상 가장 유명한 궁중요리를 모은 특별연회를 뜻하는 만한전석에서 비롯된 방향이다. 단 한나라 '한漢'자는 한국을 의미하는 '한韓'자로 바꿨다. '한국의 다양한 음식을 맛볼 수 있는 연회'라는 의미다. 전략적이다. 또한 매장은 황푸강과 와이탄 전경을 내려다보며 식사할 수 있을 뿐 아니라 다양한 한국 음식을 한자리에서 모두 맛볼 수 있다는 매력을 강화했다.

특히 한국적인 맛의 바탕이 되는 고추장, 된장, 간장 등의 장류는 한국에서 가져가 한식 정통의 맛을 살리고 뜨거운 음식을 좋아하는 중국인을 위해 라이브 존에서 바로 조리해 제공하는 음식들과 건강식 위주의 메뉴로 현지 고객들에게 호평을 받고 있다.

'적과의 동침' 필요하다

...... 전략적 제휴란 기업 간 상호협력관계를 유지하여 다른 기업에 대하여 경쟁적 우위를 확보하려는 새로운 경영전략이다. 1991

년 세계 PC시장에서 오랫동안 경쟁관계였던 IBM과 애플이 칩 기술과 소프트웨어 기술을 공유하기로 전략적인 동맹관계를 맺은 것과 세계 자동차 시장의 선두기업인 미국의 제너럴 모터^{GM}와 일본의 토요타가 공동으로 신차 개발을 위하여 미국 캘리포니아에 설립한 'NUMMI$^{New\ United\ Motor\ Manufacturing\ Inc.}$' 라는 합작 사업 등이 대표적이다.

전략적 제휴의 유형은 동종 기업 간, 관련 기업 간, 이종 기업 간 등이 있는데 가장 영속되어야 할 관계는 바로 고객과의 제휴다. 무한 경쟁 체제로 접어든 유통시장에서 업체들이 생존을 위해 업종 경계를 넘어 제휴하거나 경쟁 관계임에도 손을 맞잡는 등 위기 대응에 적극 나서고 있다. 특히 오프라인 유통업체와 전자상거래 업체들이 각자의 장점을 결합해 시너지를 노리고 온·오프라인을 연계한 O2O 서비스를 다양하게 선보여 눈길을 끌고 있다. 업계에 따르면 편의점 업계 2위 GS디테일과 국내 최대 온라인 쇼핑사이트 이베이코리아는 '온·오프라인 상품 판매 및 편의서비스 제공'에 대해 협업하기로 했단다.

이로써 이베이코리아는 배송 인프라를 확대할 수 있게 되었다. 또한 GS리테일은 이베이코리아 고객들을 편의점 고객으로 확보해 매출을 높일 수 있는 동시에 모바일 소비자 접촉면을 확대할 수 있는 서비스 수단도 얻었다. 상호 원원을 위한 전략적 컬래버레이션이다.

티몬은 최근 오픈마켓 11번가와도 손잡았다. 온라인 쇼핑몰이라는 경쟁관계에 있지만 각자의 경쟁력을 이용해 매출을 끌어올리기 위해서다. 11번가는 티몬과의 제휴를 통해 현재 모바일 애플리케이션에서 티몬의 전국 맛집 쿠폰과 뷰티 쿠폰, 여가생활 쿠폰 등 2,000여 개의 e쿠폰을 판매하고 있다. 이를 통해 11번가는 상품 경쟁력을 높여 모바일 시장 주도력을 더 공고히 한다는 방침이다. 이처럼 경쟁업체임에도 협력하는 사례가 늘어난 이유는 과연 무엇일까? 바로 시장 선점을 위해선 서비스 경쟁력을 키워야살아남을 수 있다는 판단 때문이 아닐까? 이제는 고객에게 매력을 어필하기 이해서는 '적과의 동침'도 기꺼이 하는 시대가 왔다.

매혹적인 서비스 DNA를 디자인했는가?

...... 내가 삼성에버랜드 서비스아카데미 과장으로 근무할 당시 사장이었던 허태학 고객만족CS 경영위원회 위원장은 '2015 고객 중심 경영혁신 콘퍼런스' 개회사에서 '어려운 경영환경을 이겨내고 큰 성장을 이루기 위해서는 더 차별화한 상품과 서비스 개발이 필요한 시점'이라고 강조했다. 진정한 고객만족 경영은 기

업의 전략, 프로세스, 시스템 등을 철저히 고객 지향적으로 바꾸는 것이다. 이번 컨퍼런스에서도 소개된 VOC 3.0은 다양한 채널을 통해 유입되는 고객의 의견을 수집하고, 축적된 고객의 정보를 분석해 고객과 시장에 대한 트렌드를 파악하는 일련의 경영활동을 의미한다. 이런 활동은 고객 개개인의 니즈를 파악하고 감성을 자극해서 지갑을 열고자 하는 몸부림이다.

행복한 결혼생활의 비결이 상대방의 입장을 헤아리고 서로가 윈윈할 수 있도록 아낌없이 지원해주는 것이 바탕이듯이, 고객과의 결혼도 이와 마찬가지다. 행복하게 오랫동안 영위하기 위해서는 지금까지 함께 했던 충성고객이 떠나가지 않도록 해야 한다. 조직을 지탱하게 해준 충성고객이 황혼이혼을 요구하는 비율이 높아지는 순간, 조직은 파산의 시기가 다가오는 것이다. 고객에게 이별권고를 당하는 순간 이윤 창출이 목표인 기업의 존재 이유는 사라진다.

그렇다면 고객에게 황혼이혼을 당하지 않으려면 어떻게 해야 하는가? 매너리즘에 사로잡히지 말고 끊임없이 새로움을 추구하면서 '매혹 DNA'를 발산해야 한다. 지금 여러분이 준비하고 있는 전략적인 '매혹 DNA'는 무엇인가?

고객을 사로잡는 에너지

매혹

제1판 1쇄 발행 | 2016년 9월 20일
제1판 3쇄 발행 | 2017년 4월 25일

지은이 | 박영실
펴낸이 | 한경준
펴낸곳 | 한국경제신문 한경BP
편집주간 | 전준석
외주편집 | 김선희
기획 | 유능한
저작권 | 백상아
홍보 | 이진화·남영란
마케팅 | 배한일·김규형
디자인 | 김홍신
본문디자인 | 디자인현

주소 | 서울특별시 중구 청파로 463
기획출판팀 | 02-3604-553~6
영업마케팅팀 | 02-3604-595, 583 FAX | 02-3604-599
H | http://bp.hankyung.com   E | bp@hankyung.com
T | @hankbp   F | www.facebook.com/hankyungbp
등록 | 제 2-315(1967. 5. 15)

ISBN 978-89-475-4140-4   03320